启予国学

启予国学丛书

大学精义

杨 军◎著

长春出版社

全国百佳图书出版单位

图书在版编目（CIP）数据

大学精义 / 杨军著. —长春：长春出版社，
2024.1
（启予国学丛书）
ISBN 978-7-5445-7341-2

Ⅰ. ①大… Ⅱ. ①杨… Ⅲ. ①《大学》–研究 Ⅳ.
①B222.15

中国国家版本馆 CIP 数据核字（2023）第 249092 号

大学精义

著　　者　杨　军
责任编辑　孙振波
封面设计　宁荣刚

出版发行　长春出版社
总 编 室　0431-88563443
市场营销　0431-88561180
网络营销　0431-88587345
地　　址　吉林省长春市长春大街309号
邮　　编　130041
网　　址　www.cccbs.net

制　　版　荣辉图文
印　　刷　吉林省吉广国际广告股份有限公司

开　　本　880毫米×1230毫米　1/32
字　　数　194千字
印　　张　7.75
版　　次　2024年1月第1版
印　　次　2024年1月第1次印刷
定　　价　56.00元

目　录

第 一 讲　什么是大学？/ 001

第 二 讲　三纲 / 012

第 三 讲　六证 / 040

第 四 讲　八目之格物、致知 / 055

第 五 讲　八目之诚意、正心 / 070

第 六 讲　八目之修身 / 102

第 七 讲　八目之齐家、治国、平天下 / 111

第 八 讲　三纲、六证、八目的关系 / 127

第 九 讲　曾子说三纲 / 134

第 十 讲　曾子说修身 / 155

第十一讲　曾子说齐家 / 176

第十二讲　曾子说治国 / 188

第十三讲　曾子说平天下 / 206

附 录 一　《大学》原文 / 231

附 录 二　《大学》新解 / 235

跋 / 244

第一讲　什么是大学？

《大学》本来是儒家经典《礼记》中的一篇，并不是一部独立的著作。

儒家的"十三经"包括："三礼"，即《周礼》《仪礼》《礼记》；"三传"，即《左传》《穀梁传》《公羊传》；以及《诗经》《尚书》《周易》《论语》《孟子》《尔雅》和《孝经》。《礼记》是儒家的"三礼"之一。若是说儒家的"六经"，则包括《诗》《书》《礼》《易》《乐》《春秋》。后来《乐经》失传，只剩下"五经"。儒家"五经"里的"礼"，早期指《仪礼》，后期有用《礼记》取代《仪礼》的趋势。因为《仪礼》讲的是仪式，思想性的东西不多，而《礼记》中思想性的内容非常多。

《大学》原本是《礼记》中的一篇。到了宋代，"二程"，就是程颢、程颐兄弟，非常重视这篇文章，将之从《礼记》中抽出来做单行本，后来朱熹将《大学》《中庸》《论语》《孟子》合编到一起，合称"四书"。从这以后，"四书"对中国人的思想影响极大，一提到儒家经典就想到"四书五经"，实际上"四书五经"的说法是宋朝以后才有的，早期只有"五经"，而没有"四书"。"四书"中排在首位的是《大学》。《大学》的文字量很少，把它排在首位，主要是因为它提到了儒家的修身方法和修身的次第。《大学》的核心是其中的一句话："自天子以至于庶人，壹是皆以修身为本。"儒家讲修身、讲修养的核心典籍就是《大学》，而修身是儒家学问的根本之所在，所以古人向来非常重视《大学》。

宋代以后，"四书"对中国知识阶层的影响越来越大，随之带来两个方面的变化。一是孟子的地位被大大提高。早期，战国时期的儒家两大学者——孟子和荀子，荀子的地位一直高于孟子，同时提到两位的时候称"荀孟"，将荀子排在前面。直到唐朝以后，孟子的地位才超过荀子。到了宋代，随着"四书"的推广，孟子的地位直线上升，成为儒家仅次于孔子的"亚圣"。二是《论语》一书地位的上升。在宋代，《论语》的地位达到了无以复加的高度，宋朝开国宰相赵普甚至提出"半部《论语》治天下"的说法。明清两代，"四书"的影响力进一步提升，因为明清两代科举考试都是从"四书"中出题。科举考试的八股文是议论文，要求文章立论的论点必须符合程朱理学，特别是要符合朱熹的观点，如果论点与朱熹的思想不吻合，肯定是不会被录取的，由此带来了朱熹地位的上升。

明清两代，一度出现了敢怀疑孔子但不敢怀疑朱子的趋势，由此可见朱熹的地位之高。朱熹对"四书"的注释《四书集注》成为明代以后所有读书人必学的书。有一副对联，就可以反映出这种状态：眼珠子、鼻孔子，朱子高于孔子；眉先生、须后生，后生长过先生。可以说，这个时代的读书人对于"四书"的重视程度要远远超过"五经"。

实际上，"四书"的形成可追溯到唐代，和一个大文豪有关系，他就是"唐宋八大家"之一的韩愈。韩愈提倡"古文运动"。所谓"古文"，是指一种文体，这种文体否定四六骈体文，不追求合辙押韵，重点在于表达思想和内涵。韩愈认为，四六句的骈体文不利于表达思想，过于追求形式而忽视了内容，他提出一个概念叫"文以载道"，意思是：文章、文学是为了承载道而存在的。因此，韩愈提倡使用骈体文成熟之前的古代文体来写文章，这就是所谓的"古文运动"。同时，韩愈还提出了另外一个对后世影响更为深远的儒家"道统"说。

道统，就是认为存在一个道的继承谱系。从尧、舜、禹、汤、文、武，传到孔子、曾子、子思、孟子，后来的宋明理学家们都非常推崇这个道统，朱熹《中庸章句》的序言里就讲到了这一点。

因为受"道统"说的影响，大家普遍认为孔子到孟子这一系是正统。那么，孟子是和谁学的？传统认为，孟子是孔子之孙子思的弟子，但是现在有学者考证，孟子和子思的生活年代衔接不上，古书中对二人生卒年的记载虽然并不详细，但是几乎可以肯定中间有断档，所以不能是师生关系，因此学者一般认为，孟子是子思的再传弟子，即子思弟子的弟子。

孟子的思想继承了子思，这一点大家都承认，所以将儒家的这一派称为"思孟学派"。"思"指子思，"孟"指孟子，他们二人都是儒家这一派的代表人物。儒家发展到战国时期，内部分为八大派，称为"八家之儒"，"思孟学派"是其中一派。后代认为这一派才是"道统"之所在，说得更通俗些，即后代认为这一派才是儒家的正统。

宋明理学家认同韩愈的"道统"说，所以非常重视"思孟"一派。因为这个原因，从孟子往上追溯到子思，再到子思的老师曾子，再到曾子的老师孔子，这是一个完整的谱系：孔子传曾子，曾子传子思，子思传孟子。《论语》记载的是孔子的言论，《大学》被认为是曾子的著作，《中庸》是子思的作品，《孟子》记录了孟子的言论，所以，把《论语》《大学》《中庸》《孟子》合称为"四书"，也是为了体现儒家的道统之所在。

《大学》的作者曾子在孔门弟子中有一个非常特殊的地位：他是孔子唯一的孙子子思的老师。孔子之后孔家三代都是单传，孔子只有一个儿子孔鲤，孔鲤只有一个儿子孔伋，也就是子思。孔子十九岁的时候结婚娶妻，二十岁有了孔鲤。孔鲤在孔子之前去世，只活了五十岁。孔子门下弟子三千，贤者七十二人，却给唯一的孙子选了曾子做老师，可见曾子在孔门弟子中的特殊地位。

《论语》开篇，先是"子曰"，然后是"有子曰""曾子曰"，即在记录孔子的一段话之后，紧接着记录了有子、曾子各一段话，因此学者一般认为，《论语》的编纂者可能就是有子和曾子的弟子们。这也证明了曾子在孔门之中具有特殊地位。

我们仔细想一想，为什么孔子把孙子交给曾子培养？子夏、子张都是以当老师闻名的，但孔子为什么选中曾子？曾子在孔门里面靠什么出名？不是文学，不是政事，而是品德修养！孔子将唯一的孙子交给曾子，说明孔子最重视的是德行和修养。由此我们也能看出孔子用人的倾向，这种倾向也可以显示出孔子的思想核心之所在。

曾子的学问以什么为最大特色呢？

《论语》中第一次出现曾子的话就是这句："吾日三省吾身：为人谋而不忠乎？与朋友交而不信乎？传不习乎？"曾子每天反思三件事：忠、信、学习及实践。可见，在曾子的修养之中，最重视的是忠和信。"忠"指做事情尽心尽力，"信"是讲诚信。

有个故事，说曾子的妻子要去赶集，孩子闹，妻子便说："你好好在家待着，回来给你杀猪吃。"等妻子回来后，曾子真把猪给杀了。妻子和他翻脸，因为那个时候"民非大事不食肉"，不是特殊情况，普通百姓家是吃不上肉的，平白无故地把猪杀了给孩子吃，妻子当然不同意。但是曾子认为，人说话要算数，就是小孩子也不能欺骗，说了要杀猪给他吃，那就一定要杀，要兑现诺言。不论这个故事是真是假，它告诉我们，曾子思想的核心在于忠和信。

另外，曾子大孝，在孔门弟子中把"孝"字落实得最好的就是曾子。在人生的修养方面，孔子最重视的就是曾子的强项：孝、忠、信。我们都知道，儒家的核心价值观是八个字——孝、悌、忠、信、礼、义、廉、耻，这八个字中可能还有不同的层次，但最重要的应该就是孝、忠、信。

体会到曾子学问和修养的特点后，我们会注意到，从曾子到子思再到孟子，儒家的这一支以提倡修身为核心，这是这一派的特点。从这个角度来说，《大学》恰恰可以看成这一派的核心著作，因为《大学》这篇文章的核心思想就是讲修身、讲修养，所以古人非常重视《大学》。

宋代的程颐、朱熹都非常重视《大学》，明朝的王阳明也是如此，他们培养弟子都是从研读《大学》开始的，因为宋明理学要在生活中落实的就是修身，要从个人修身入手，达到齐家、治国、平天下的目的，而这些恰恰就是《大学》所探讨的核心内容。可以说，宋以后的儒学发展，核心就是宋明理学，宋明理学的主流就是程朱理学，而程朱理学的核心思想就是修身。从这个角度可以说，宋以后儒家发展的核心就在于修身，一切都从修身入手，个人修养、心性的修炼，以及外在的业绩、事业都要从修身开始，这是宋以后儒家思想的特点。程朱理学强调的一套修身方法乃至它的宇宙观、世界观，它要进行的人生事业、具体的操作方法，统统以《大学》为理论指导。

可以说，《大学》浓缩了曾子一生的实践和修炼，而曾子提倡的修行方式正是孔子所提倡的，也就是儒家最正统的修行方式。《大学》这篇文章的重要性可想而知。

从结构上来说，程颐将《大学》全文分为十一章，最前面的一章叫"经"，后面的十章叫"传"。从"大学之道在明明德"到"其所厚者薄，而其所薄者厚，未之有也"为第一章，也就是"经"的部分。按照程颐、朱熹的说法，这部分文字应该是当年孔子的论述，曾子记录和整理的。后面的内容被称为"传"，朱熹认为是曾子讲的，曾子的弟子记录整理的，是曾子对"经"的部分的阐释。也就是说，这篇文章的不同部分成书时间及背景可能不一样。

这种说法可不可信我们不去探讨，但是《大学》这篇文章明显分前后两部分，这是没有问题的。前面"经"的部分就是一个总论，后面"传"的部分是对"经"的阐释，整篇文章结构很清晰。

接下来我们解释一下这篇文章的标题。什么是大学？这和我们今天讲孩子要考大学的那个大学是不一样的。古人通常的解释是，所谓"大学"，就是大人之学。但什么是"大人之学"呢？有两种不同的解释，一种说法认为"大人"和年龄有关，另一种说法认为和年龄无关。

我们先说第一种。古代的教育分对成年人的教育和对未成年人的教育，对成年人的教育称"大人之学"，对未成年人的教育称"小子之学"，这是朱熹的解释。《大学》这篇文章的内容是针对成年人的，属于"大人之学"，因此称"大学"。

未成年人学什么？两步，第一步是"洒扫、应对、进退之节"，第二步是"礼乐、射御、书数之文"。第一步，培养孩子良好的生活习惯，懂礼貌。"洒扫"指洒水扫地，就是打扫卫生,指培养劳动习惯;"应对"是回答、说话,大人问你话的时候,你如何回答才是礼貌的,培养怎么和人说话;"进退",字面的意思是前进、后退,指参加社交活动的时候,你应该站在哪里,什么时候应该往前走,什么时候应该向后退。简言之,就是礼仪教育,要教会孩子和大人一起出去时怎样找对自己的位置。这是古代未成年人教育的第一步。

我们会发现,古人教育小孩子的这些内容,恰恰是我们今天的教育中完全缺失的。现在谁家还教孩子"洒扫、应对、进退之节"呢?别说让孩子干活了,孩子自己主动干活,爷爷奶奶还马上就接过来呢。当代一个普遍的现象是,在家里分不清楚谁是爷爷谁是孙子。现在,中国的爷爷普遍愿意当"孙子"。这也可以理解,因为退休了,没什么事儿,家里又只有一个孙子,爱心泛滥,无论孙子要干什么,爷爷都在旁边帮忙。问题是,爱孩子没毛病,但一定要在意识上确定谁是爷爷谁是孙子。在家的时候被惯得不像样了,他出去后永远想当"爷爷",当他步入社会的时候,就无法与人正常交往了。从长久来讲,他一生的事业就断送在你对他的"爱心"上了。

古人不是这样教育孩子的。其实,每一个孩子天生都是勤劳的,你仔细观察会发现:三岁以前的孩子非常愿意干活,你不让他帮忙,他都主动跑过来帮忙,这是孩子的天性。劳动对于孩子来说,与游戏是一样的。这个时候应该让他参与,这样,孩子喜爱劳动的天性就得到了发扬。从小养成爱劳动的习惯,具有了勤劳的美德,这对孩子一生的发展是至关重要的。我们可以看一看,哪一行业、哪个单位的成功人士是懒人?

如果三四岁的时候,孩子想劳动家长却不让,这种天性就被扼杀了,孩子被培养出不好的生活习惯,长大以后再想改也难。"洒扫"也就罢了,干不干活这个事情对于人生的影响毕竟还是次要的，但"应对"这件事在当今的教育中也处于缺失状态，影响可就大了。现在的小学生有几个会说话的？你们接没接过孩子的电话，一张口就说我找谁谁谁的？没有礼貌，不知道给接电话的家长问个好。小孩子是不懂怎样和长辈说话的，需要家长去教。如果你一开始不教他，他和人说话就一直非常随意，等他长大走入社会以后，已经养成习惯了，再想改也难。一个说话没有礼貌的人，在这个社会上会生活得怎样，我们都是心知肚明的吧。

"进退"也是一样，告诉小孩子要走在长辈的后面一点，进门的时候不要踩门槛，人家两个人站在那里聊天你别从中间走过去，我们今天的教育当中也完全没有这方面的内容。

但你会发现，"进退"对我们的人生很重要啊！现在的很多大学生都不知道"进退"的相关礼仪。公司有客人来，你要派个老员工去接，派个新员工你自己都不放心。据我观察，不懂得"进退"的员工，从领导一下车他就不知道该怎么办，是走在前面领路，还是走在后面跟随？儒家的经典《礼记》中专门讲过这方面的礼仪，就是一句话："每门让于客。"迎接重要的客人，你不能在客人前面乱跑，也不能与客人并排走，而是应该稍落后客人一点，这才是礼貌的。但是，客人走在前面，就不知道应该往哪边走了，所以每走到门的地方你要让一下，示意一下，客人就知道怎样走了。这种做法在我们今天的社交活动中仍旧是适用的！这都是古人总结的一些"进退"方面的礼仪，是教给小孩子的。

古人从小就学这些东西，还没学识字呢，就要先学会这些。我们可以想一想，通过"洒扫"培养成勤劳的美德、好的生活习惯；通过"应对"培养出礼貌的言谈；通过"进退"培养出礼貌的举止，这样的孩子走向社会之后会是什么状态？如果具备这三条，在公司里，不管你知识技能如何，都会受到领导的赏识吧？如果员工里有这样有礼貌又勤劳的年轻人，领导会不会提拔他？古人从小培养孩子这些，就是开始为他走向社会做铺垫。今天的我们当然也为孩子做了铺垫，但是我们考虑得太片面了。今天的家长大多是从知识的角度考虑帮孩子做铺垫，而不是从行为规范、道德修养上入手。孩子才四岁就送去学外语了，就怕孩子以后外语学不好。结果形成这样一个现象：一切以分数为标准。考上大学之后才发现问题，高分低能！分数越高，能力素质越低！为什么？你从小就这么培养的嘛！你让孩子把所有的精力都放在学习知识上面了，他哪有时间去学别的？说孩子高分低能、情商低，等等，实际上都是家长错误的教育方式导致的，实在怨不得孩子。

对比古人的对未成年人的教育，我们真的应该反思一下：是养成好的习惯重要，还是学习知识重要？换句话说，是知识优先于习惯，还是习惯优先于知识？

古人的"小子之前"，在"洒扫、应对、进退"之后，是开始学习"礼乐、射御、书数之文"，也就是学习文化知识和一些必要的技能。简单解释一下，"礼"是礼仪规范，"乐"是音乐方面的学习和修养，"射"是射箭，"御"是驾车，"书"是读书识字，"数"是数学。古人认为这些是一个君子必须掌握的知识和技能。

为什么要培养学生学会驾车？《论语》中经常讲到孔子出行，某某御，就是哪个弟子给孔子驾车。孔子弟子三千，不是谁都有资格给孔子驾车的，驾车的通常都是七十二贤人之中的，是最核心的弟子，因为在路途中有充分的时间可以和老师单独交流，这是一个难得的机会。因此，作为孔子的弟子，若是不会驾车，你就永远没有这个机会了，是不是？

当然，由于时代的差异，孔子那个时代要求孩子必须学习的基本技能，与今天我们要培养孩子的基本技能是不一样的，但是，在培养孩子好的生活习惯、勤劳、有礼貌之后，再培养孩子必要的文化知识和基本技能，这种培养思路是不是对我们仍有启发？

先是素质培养，然后是文化知识，再后是基本技能，这是古人培养小孩子的思路，不是我们现在要讲的"大学"。按照朱熹的说法，培养未成年人的"小子之学"，讲的是"洒扫、应对、进退之节"和"礼乐、射御、书数之文"，而成年人进入"大学"，就不再需要学习这些内容了，学习的内容转为"修身、齐家、治国、平天下"，就是《大学》这篇文章讲的核心内容。因为这篇文章主要讲的是"大人之学"的学习内容，就是成年人的学习内容，因此书名为《大学》。

按照朱熹的理解，"大人之学"和"小子之学"的区别主要是指学习的内容，即不同的年纪学不同的学问。我是不大赞同朱熹的说法的。

清代学者、经学家胡渭认为，先秦的古书中，从"经"类到"子"部，所有的书里面，提到"大人"这个词的时候，要么是从品德修养来说，要么是从社会地位来说，从来没有从人的年龄说的。

比如《周易》中的"利见大人"，"大人"二字，有的解释为社会地位高的人，也有的解释为道德修养好的人。古人认为，"有其位必有其德"，即有高的社会地位，必须有高尚的道德，否则叫"德不配位"。按照儒家的逻辑，"德不配位"会很快倒台的。所以，胡渭认为，"大人"指品德修养好、社会地位高的人。故而胡渭认为，朱熹对《大学》的第一句的解释是错误的。

　　什么是"大人之学"？就是如何使自己成为品德修养好的人，如何使自己成为社会地位高的成功人士的学问，一句话，就是使自己成为大人物的学问。使自己的人生走向成功的学问，这才是"大人之学"。

　　我是比较认同胡渭的解释的。这篇文章的篇名是什么意思？就是成为大人物的学问，所以叫《大学》。由篇名我们就可以想到，《大学》的核心内容是教我们怎样成为大人物，怎样使自己的人生走向成功，这才是真正的"大学问"。

　　因此，学习《大学》，首先要有成为大人物的愿望，这样这篇文章对你才有意义。所以，曾子这篇文章是写给想要成为大人物的人，想要人生有所成就的人，想要进行自我完善和修炼的人，想要达到人生比较高层次和境界的人，这些人才需要学习《大学》。

　　"大学"两个字点出了这篇文章的创作目的，划定了一个适读人群，同时也点明了这里面要讲的内容。我们讲了半天什么叫"大人"、什么叫"大学"，就是要把这些问题弄明白。

　　再具体点儿说，《大学》研究的是怎样认识客观规律和社会，怎样进行自我修炼和自我完善，怎样管理好家、国、天下，这些教学内容被称为"大学"。这篇文章记载的都是穷理、修身、齐家、治国、平天下的内容，所以才有了这样的篇名。《大学》是教你怎样实现自我价值，一步步走向成功，成为大人物、成为成功人士的方法。如果从这个角度去理解《大学》的内容，那么，你就已经知道这篇文章的核心思想了。

第二讲　三纲

我们先看《大学》"经"的部分的原文，一共是二百零五字。

大学之道在明明德，在亲民，在止于至善。知止而后有定，定而后能静，静而后能安，安而后能虑，虑而后能得。物有本末，事有终始，知所先后，则近道矣。古之欲明明德于天下者先治其国，欲治其国者先齐其家，欲齐其家者先修其身，欲修其身者先正其心，欲正其心者先诚其意，欲诚其意者先致其知，致知在格物。物格而后知至，知至而后意诚，意诚而后心正，心正而后身修，身修而后家齐，家齐而后国治，国治而后天下平。自天子以至于庶人，壹是皆以修身为本。其本乱而末治者，否矣。其所厚者薄，而其所薄者厚，未之有也。

首先说一下《大学》版本的问题。程颐、朱熹将《大学》从《礼记》中抽出来做单行本，并认为《礼记》中的版本存在次序错乱的问题，因此对文章的内容进行了重新编排，后来朱熹为《大学》作注，就是本着这种新的排序进行的。明朝的王阳明不认同这种说法，认为《礼记》中原本的《大学》内容并不存在错误，程颐、朱熹进行调整之后，反而把次序弄乱了，使《大学》的内容失去了本来面目，导致对《大学》思想的理解也是不正确的。因此，王阳明在给弟子们讲解《大学》的时候，是本着《礼记》原本的次序来讲的，并且称这个版本为"古本"《大学》。对内容的不同排序，体现了朱熹和王阳明对《大学》的理解的差异，这也是程朱理学和阳明心学的分歧之一。

由于程朱理学被明清两朝定为科举考试的内容，所以，程朱改编之后的版本流传比较广，对后代的影响也比较大。虽然我受王阳明的思想影响比较大，下面我还是按照程朱的版本来讲，涉及程朱理学和阳明心学对《大学》理解的差异时，我会在讲具体内容的时候提到。

古人对《大学》的"经"的部分进行了非常好的归纳总结，认为可以划分为三个部分。第一个部分就是第一句话，古人称为"三纲"，是《大学》一文的三个纲领性内容，也是《大学》全文的总纲。所谓"三纲"，即明明德、亲民、止于至善。第二个部分从"知止而后有定"至"则近道矣"，古人称为"六证"。所谓"六证"，即止、定、静、安、虑、得，我将其理解为修行的六个次第，也可以说是修行的六个层面或者六种境界。以下是第三个部分，古人称为"八目"，就是八个细目，即格物、致知、诚意、正心、修身、齐家、治国、平天下。这是《大学》的"三纲""六证""八目"，是对《大学》核心内容的高度概括。只有理解了这些相关概念，我们才算真正读懂了《大学》这篇文章。

我们先说"三纲"的第一纲"明明德"。

第一个"明"是动词，意思是使之明亮，使什么东西放出光明，或者说焕发出光明。第二个"明"是形容词，意思是光明的，用来形容后面的"德"字。在古汉语里，德就是性，有属性、本性、本质的意思。"明德"就是光明的品德，就是光明的本性，指人的本性原本是非常美好的，是光辉灿烂的，也就是《三字经》第一句说的"人之初，性本善"。"明明德"，意思是使人光明的本性焕发出光明，或者说唤醒人光明的本性，激活人的善良的、美好的本性。

人光明的本性是什么呢？朱熹的解释是："人之所得乎天，而虚灵不昧，以具众理而应万事者也。"意思是，"明德"这个东西是人从老天那里得到的一种本能，而这种本能是空灵的，这个空灵的本性中包含了宇宙间的一切道理，而且能够对人生中遇到的所有事情加以回应。也就是说，我们从老天那里得到的本性中包含一种叫"明德"的本质，这种本质包含一切，与生俱足，而且对人生的一切事物都能加以回应。

我不大认同朱熹的解释，因为按照这种解释，"明德"就是一个很空的概念，无法落实，无法落实也就无法体认，就无法下手去寻找或是修炼。我觉得，朱熹的解释受佛教思想影响很深。

但是，所谓的"性"是从老天那里继承来的，这是符合儒家的思想的，因为《中庸》开篇就说"天命之谓性"，意思是，老天给你的那个东西叫性。所以，朱熹解释"明德"的前半句，说"明德"是"人之所得乎天"，和《中庸》"天命之谓性"说的是一个意思，这半句他理解的是对的。关键是他后半句说"明德""虚灵不昧，以具众理而应万事者也"，明显说的是佛家讲的心，这样理解恐怕是不对的了。

我们应该注意，佛家讲的心性和儒家讲的心性是有差别的。为什么会这样？因为二者的目的不一样。从大的原则上来说，佛家是出世的，儒家是入世的。

佛家讲"明心见性"，是要把人本身具有的佛性发挥出来，达到见性成佛的境界。佛家修心性是要成佛的，是要达到觉悟的。佛家最重要的概念"一阐提皆有佛性"，每个人都有成佛的性，意识到这个就开悟了，成佛了。这是佛教的修行路数。

儒家是入世的，儒家修心性不是为了成佛、解脱，而是为了治国、平天下，即通过个人心性的修炼，达到个人修养的完善，进而达到治国、平天下的目的。所以，佛教与儒家修的心和性是不一样的，佛家挖掘的是佛性，儒家挖掘的是人性。

所以，朱熹借鉴佛家的心的概念来解释儒家的"明明德"，说"明德""虚灵不昧，以具众理而应万事者也"，要走到佛家的路线上去了，这种解释会偏离儒家的正确方向。

儒家要修的不是一个空灵的心，不是追求把佛性修出来，开悟成佛，儒家要修的是恢复人善良的本性，找到人性中最根本的东西，用这个东西指导修身、齐家、治国、平天下。所以，儒家经典中说的"性"，不能是佛性，不能是"虚灵不昧"的。

清代的颜元提倡实学，批判宋明理学，他说理学的修身方法就是半日读书、半日参禅，按朱熹的理解去指导修身，确实容易走向佛教的路数。我们之所以要纠缠于"明德"这个概念，是因为这与儒家的具体修行方式有关，指导思想、出发点的差异，会导致具体做法的完全不同。

那么，"明德"究竟是什么？我理解，简单说就是人生光明的品德，也就是人的本性中那些最美好的品质。人最美好的品德就是人性之中的善，对此，《孟子》里面有具体的阐释。

《孟子》的《告子》篇中讲：

> 恻隐之心，人皆有之；羞恶之心，人皆有之；恭敬之心，人皆有之；是非之心，人皆有之。恻隐之心，仁也；羞恶之心，义也；恭敬之心，礼也；是非之心，智也。仁

义礼智，非由外铄我也，我固有之也，弗思耳矣。

在《公孙丑》篇中也讲到：

> 恻隐之心，仁之端也；羞恶之心，义之端也；辞让之
> 心，礼之端也；是非之心，智之端也。

这就是孟子提出的非常有名的"四端"，或者叫"四心"。"端"是发端、开始的意思。孟子说，每个人都有恻隐之心、羞恶之心、恭敬之心、是非之心，这叫"四心"。恻隐之心是"仁"的发端，或者说由此出发就生成了儒家提倡的重要理念"仁"；羞恶之心是"义"的发端，由此可以生成"义"；恭敬之心，或者说辞让之心，是"礼"的发端；是非之心是"智"的发端，这叫"四端"。孟子认为，"四心"也好、"四端"也好，都是人先天具有的善良本性，"非由外铄我也，我固有之也"，不是后天强加到我们身上的，而是我们本来就具有的美好的本性，就是"明德"。

人的美好本性中还包括哪些内容我们不知道，但孟子认为，至少"仁义礼智"都属于我们先天的美好本性。只不过我们受到后天的蒙蔽，把这些先天的美好本性都忘记了，这也就是《三字经》上说的"性相近，习相远"，本来人的先天的美好本性都是相似的，但由于后天的习染蒙蔽，所以人和人的差距才越来越大。

儒家的修炼方法，就是去掉那些不好的后天习染，把本性当中美好的东西修出来，使人光明的本性重新焕发出光明，这就是"明明德"。

《孟子》一书中还举了一个例子来证明每个人先天都具有恻隐之心，即先天具有"仁"。孟子说，如果眼看着一个小孩子要掉到井里了，是不是每个人都有恻隐之心、恐惧之心？人

为什么会有这种心情？不是因为认识孩子的爸妈，与孩子的爸妈有交情，也不是为了给自己换来好的名声，更不是因为不喜欢听到孩子的哭声。尽管这个孩子和你没有任何关系，但任何人肯定都不会无动于衷，这就是人内心当中的恻隐之心。孟子举了这样一个很切近生活的例子让我们去反思：我们是不是先天就具有这样的心态？这种心态与人生经历、学历、教育没有关系吧，是每个人都具有的吧！如果是每个人都具有的，这就说明这种恻隐之心是先天的，是人天生就具有的美好本性之一。

孟子以这个例子来证明，"四心"或"四端"与"仁义礼智"是人先天的美好本性。既然"四心"是人的本性，那么，不具有"四心"的人，就不具备人的本性，就不是人！所以《孟子》一书中说："无恻隐之心，非人也；无羞恶之心，非人也；无辞让之心，非人也；无是非之心，非人也。"

王阳明的一个弟子还曾用实例证明人皆有"羞恶之心"，也就是羞耻心。夏天最热的时候，他当堂劝一个死囚犯脱掉上衣，囚犯毫不犹豫地脱了，而且觉得这样很凉快、很方便，可是，当他再次劝囚犯把内裤也脱掉时，囚犯却死也不肯了，连称不方便。一个罪大恶极的死囚犯都不肯当众把内裤脱掉，这就说明每个人的内心深处都是存在羞恶之心的，说明孟子说得对，"羞恶之心"也是人先天的美好本性之一。

我在学校里不允许女生穿吊带裙、男生穿背心裤衩来上课，但是你在外面怎样穿我不管，也管不着。哪个学生要是非得穿这身儿来上课，会被我赶出去还算旷课。学生和我辩论，说我要求太严格。我说教室是公共场所，是学习的地方，在这里你要体现尊师重道。学生说我老脑筋，不够文明开化。我抓住这点说，你把穿得少和文明开化画等号啊，那最文明的是牲口，什么都不穿。学生继续辩论，说夏天少穿点是为了凉快。后来我提了个问题让他们无话了，我问：你们能不能什么都不穿上街，那样更凉快？下次上课我批准你要么穿正装，要么全裸。结果没有人选择全裸。为什么？因为有羞耻心嘛。

"是非之心"也一样，什么事情对，什么事情错，每个人心里都有笔账，越小的孩子这笔账越明白。大人可能糊涂，是因为受社会的影响。比如，上课迟到，你让小孩子上课迟到，他差一分钟都不行；但成年人觉得晚点儿就晚点儿吧，老师可能还来晚呢。"是非之心"被功利之心压制了，逐渐泯灭。小孩子对是非判断得非常准，因为他的内心没有被功利之心蒙蔽，就像西方的故事《皇帝的新衣》。

所以，我们要通过修养来恢复我们的赤子之心，抛弃功利心，把是非心留下，这样活得才真实无伪。在儒家看来，修养不是增加外在的束缚，而是恢复我们的善良本心，就是使你内在的光明本性焕发出光明，即"明明德"。

稍微多说几句，我觉得"四端"中最需要探讨的是"智"——智慧。

现在大家都追求智慧，导致各种培训班都叫什么什么智慧。但大家要意识到一个问题，凡是可以通过学习得到的，不是知识就是技能，而智慧是学不来的，是要靠自己悟出来的。花钱参加各种培训班去学智慧，这本身就是没智慧的表现。我现在讲的都是知识，我讲完了，你听明白了、学会了，因为这是知识。想要通过上我的课就具有了人生大智慧，我可做不到这一点。但这并不意味着上我的课就一定不会开悟，我的课虽然讲得乱七八糟，但你不知道会因为哪句话忽然有所感悟，开悟了，从此人生不再纠结了，这是有可能的。但那个智慧也是你自己悟出来的，而不是我教会的。

　　智慧是悟出来的，不是靠学习能学会的。不过，孟子告诉我们，"仁义礼智"都是人先天就具有的，也就是说，我们每个人都先天地具有智慧啊！有人说，我怎么没有呢？按孟子的说法，你不是没有，而是被后天的习染给遮蔽了，通过"明明德"就可以找回来。你能够去除后天的遮蔽，就开悟了，就不纠结了。

　　我们要注意，"明明德"就是在暗示我们，要进行心性修炼，首先要开启智慧。没有智慧怎么能走向人生的成功？《大学》告诉我们，走向成功、成为大人物的第一步就是要获得智慧，通过修"明明德"就可以唤醒沉睡了几十年的智慧。

　　不经过"明明德"的修养，人先天的善良本性就会被压制，压制久了就会迷失，就没办法自我完善了。连本性都迷失了，还谈什么自我完善？还谈什么智慧？只有"明明德"，唤醒先天的美好本性，才有可能实现《大学》说的齐家、治国、平天下；没有做到"明明德"，这一切都是不可能的。道理很简单，我们无法想象，一个迷失自我的人会把家管好，会把国家、天下治理好。

　　如果不经过修行的话，每一个人都是浑浑噩噩的，善良的本性都体现不出来。因为社会就是一个大染缸，人生活在社会中不可能不受其影响，受到影响之后还不修"明明德"，那么你美好的本性肯定会越来越受到压制，最后导致完全迷失。迷失到极点你就成了小人，"小人穷斯滥矣"，无所不用其极，只要能够满足自己的物质利益，什么方法都可以用。

　　所以，儒家讲"自天子以至于庶人，壹是皆以修身为本"，原因就在这儿。为什么所有人都必须要修身？因为只有修身才能浮显出善良的本性，这才是一个自我完善的过程。如果这个社会上每个人都能做到这一点的话，这个社会肯定是和谐的，这也是儒家治国、平天下的方法。

"明明德"就是使我们光明的本性重新焕发出光明来，就是通过唤醒我们先天的恻隐之心、恭敬之心、羞恶之心、是非之心，找回我们身上原本都具有的仁、义、礼、智，靠着这些我们本性中原来就具有的美好素质，我们才能齐家、治国、平天下，才能获得人生的成功。

"明德"是实实在在的仁、义、礼、智，而不是什么虚灵不昧的东西。"明德"就是人的本能，在儒家看来，特别是在孟子看来，完全是美好的。人能够一切从本能出发就是"明明德"。所以孟子讲，"大人者，不失其赤子之心者也"，说的就是"明明德"，就是不要丧失孩提时具有的赤子之心，就是不要丧失我们美好的本性。

如何去修"明明德"？或者说，如何使本性重放光明？曾子告诉我们，修"明明德"的关键就是要"明"，要让人看见，要充分地表现出来。

你有恻隐之心，但是你没有任何表现和行动，就站在那儿看着孩子掉井里了，这就体现不出恻隐之心了。要让人家看到你的恻隐之心，这才是"明"。让人家看到你性格当中善良的一面，这就是"明"的过程，所以必须要落实、要有行动。你即便没有去救，但大喊一声"谁家孩子要掉井里了"，这也是"明"。

怎样做到"明"？从修炼你的善良本性开始，这是修行的第一步。首先要做到不能"心为物役"。"为"即被，"役"是驾驭、控制。你的心被外在的事物驾驭和控制，这叫"心为物役"。修行首先要做到你的心不被外在的事物控制，即你的心是自由的。

心被外在的事物控制，是因为"逐物"。"逐"是追逐的意思。你的心追逐外在的事物，跟着外在的事物跑，结果就被外在的事物控制、奴役了。要想不"心为物役"，就不能"逐物"。这是儒家修心的第一步，是"明明德"的起点。

孟子讲"吾四十岁不动心"，是说他的心不再为外物所左右了。孔子说"四十而不惑"，是说心不再迷惑，也不再为外物所左右了。结合孔子和孟子的说法，我们会发现，可能四十岁是人生的一个关键点，孔子和孟子都是在四十岁达到"不动心"的境界的。

四十岁以前，我们是一个逐渐成长的过程。肉体上，在二十岁左右走向成熟，但是思想要走向成熟，需要多花一倍的时间，大约得到四十岁左右。然后你才能认识到儒家思想是真理，才有可能修到孔、孟说的"不动心"的境界。我想，这也是思想走向成熟的结果。

古人二十岁为成年，开始结婚生子，四十岁左右一般就能看见孙子了，晚点儿的也在张罗娶儿媳妇了。人到这个时候，该经历的都经历了，思想才能真正地走向成熟。没娶媳妇，你不可能体会到做丈夫的责任；没人管你叫爹，你不可能体会到当父亲的情感。孔、孟两位大圣人都是在四十岁进入这种境界的，说明修到这种境界是要具有相应的人生体验的。

关于如何修"明明德"的"明"，到讲"八目"中的"正心"的时候我们再细讲。这里我们要弄清楚的是，"明"就是要做到心不逐物，要做到孟子说的"不动心"、孔子说的"不惑"。要走向人生的成功，不管是想要事业有成还是自我完善，第一步都要努力做到"明明德"。

下面讲"三纲"的第二纲"亲民"。

程颐、朱熹都认为，"亲"字应该读"xīn"，通"新"，"亲民"就是"新民"。所谓"新"，就是革除，"新民"就是使老百姓焕然一新，造就一批新的民众。受朱熹《四书集注》的影响，很多人讲《大学》都是这么讲。而我认为，朱熹讲的不能说有错，但王阳明说的似乎更有道理。

王阳明是明代的大学者，宋明理学另一派的代表。宋明理学有几大支派，总称为宋明理学。程朱理学是一派，是宋明理学中的主流，"二程"就是程颢、程颐兄弟，再加上朱熹，是这一派的三大代表人物。除程朱理学之外，宋明理学中影响最大的一派是"心学"，心学的代表人物主要是宋代的陆九渊和明代的王阳明，所以这一支也被称为陆王心学。陆九渊是心学的开创者，王阳明是心学的集大成者。

从学术渊源上讲，陆九渊与朱熹都出自"二程"，陆九渊是程颢的四传弟子，朱熹是程颐的四传弟子。但是，陆九渊和朱熹的思想存在着比较明显的差异，他们还举行过辩论，就是历史上非常有名的"鹅湖之会"。但是在南宋时，陆九渊的"心学"影响力远不如朱熹。

王阳明继承了心学，甚至在朱子学昌盛的时期站出来公然反对朱熹，将心学发扬光大。推崇王阳明的学者甚至认为，儒家提倡的"三不朽"，即立德、立言、立功，三个方面都做到位的，历史上只有两个人，一个是孔子，另一个就是王阳明。

王阳明只活了五十七岁，传下来的代表作是《传习录》，里面就谈到他对《大学》的理解，这是王阳明很有特色的观点，他认为"亲民"不应该读成"新民"，就应该按字面读成"亲"。

读"亲民"还是"新民"，这不仅仅是字的读音问题，还涉及对《大学》这句经文内涵的理解。"新民"讲的是对百姓的教化，不仅自己要做到"明明德"，还应该教化民众，使百姓都做到"明明德"，精神面貌焕然一新，就是所谓的"作新民"。这是朱熹的理解。王阳明认为应该读"亲","亲民"不是指教化百姓，而是使老百姓亲近"我"。你是否做到了"明明德"，最后要看结果，看身边的人是否亲近你。

《论语》上讲"修己以安百姓"，即通过加强自我修养，使身边的人在和你打交道的时候都非常心安，这样大家就都愿意和你来往，愿意和你分享资源，你的人脉就打开了，你就掌握了相当多的资源，有了人脉、资源，你的人生自然向好的方向发展，自然会走向成功。显然，《论语》上讲的"修己以安百姓"，就是《大学》里说的"亲民"。

《大学》是成为大人物的学问，而走向人生成功的起点应该是理顺人脉，理顺人脉的关键是使身边的人都愿意和你亲近。所以，我觉得王阳明的理解是对的，应该读"亲民"，是大家都愿意和你亲近的意思。只有这样，《大学》的"亲民"才能和《论语》的思想相吻合。

我赞同王阳明的理解还有一个原因。我们自己能否修到位自己能够把握，但修到位之后能否改造别人却是未知数。即便大多数人受到我们的影响，能够发生改变，精神面貌能够焕然一新，但毕竟还有一些人是我们影响不了的。换句话说，如果将其理解为"新民"，想通过我们自己的修养"明明德"，而使百姓的精神面貌焕然一新，那基本是一个不可能完成的任务。想通过"新民"，也就是通过教化百姓、改造百姓达到治国、平天下的目的，那也基本是不可能的。但如果像王阳明一样理解为"亲民"，通过加强我们自我修养，"明明德"，使我们身边的人都愿意和我们亲近，这一点是完全可以做到的！换句话说，"亲民"说的不是要教化人、改造人，而是通过个人修养，给自己打造一个和谐的环境，把身边的人际关系理顺，这样才能事业有成，而用这种方法去治国、平天下才更靠谱。

"新民"是去改变他人，而"亲民"的关键是改变自我，这才更符合"反求诸己"的儒家精神。无论什么事情，我们都应该在自己身上找原因，从自己身上找解决问题的办法，而不是从别人身上去找原因。

理解为"亲民"，是从实践角度考虑的。"新民"，就是要改变所有人，这不可能；"亲民"不是要改变他人，但是只要自己修好了，大家和你在一起很踏实，愿意和你亲近，甚至愿意帮助你做事，你就走向成功了，这个比较现实。

举个例子，就算是坑蒙拐骗的人，也愿意和道德修养好的人接触，不愿意和骗子在一起，为什么？因为经常骗人，他更害怕上当受骗啊！而和道德修养好的人在一起，他才心安。举这个例子可能比较极端，但由此我们可以认识到，这就是"修己以安百姓"，这就是"亲民"。连坑蒙拐骗的人都愿意和道德修养好的人在一起，更何况是其他人呢？通过加强个人修养来"修己"，使所有的人都愿意与你亲近，就是"亲民"。

个人修养到位了之后，大家都愿意亲近你，和你相处了，这也是一种改造社会的方法。如果从"新民"的角度入手，就要强调怎样去改造他人，让所有人都去修"明明德"，这在实践上是做不到的。所以，我更认同王阳明的解释。

《论语》上有一段话与此有关。子贡来问孔子，怎样搞好政治、治理好国家。孔子回答："足食，足兵，民信之矣。"意思是，要有足够的粮食，以保证民众的物质生活需要；要有足够的兵源，以保证国家的安全；还有就是要老百姓信任政府。子贡又问："必不得已而去，于斯三者何先？"意思是，如果不能保证同时做到这三条，先去掉哪一条呢？孔子说："去兵。"即可以裁军。子贡又问："必不得已而去，于斯二者何先？"如果这两条也不能同时保证，去掉哪一条？子贡实际上不认同孔子的想法，觉得老百姓是不是信任政府并不重要，他真实的想法是想问孔子去掉这一条可不可以，于是又发了第二问。孔子也非常理解子贡的想法，所以说："去食。自古皆有死，民无信不立。"孔子的答案是，可以不保证粮食供应，但也一定不能放弃百姓对政府的信任。孔子向子贡解释说，自古人都有一死，就是没有粮食，也不过是饿死人，但失去了百姓的信任，这个政府是立不住的。

孔子说得多么直白啊！政府绝不能失去民众的信任，所以必须"亲民"，使老百姓亲近政府、信任政府，而不是"新民"，教化百姓。从这个角度来看，我也觉得王阳明说的是对的。

后面曾子还有一段对"亲民"的阐释，我们讲到那儿时再仔细分析。这里我先提出我的看法。我认为应该读"亲民"，不读"新民"，理由见下。

"亲民"，实际上是"明明德"的另一个境界。不是加强个人修养就一定能达到亲民的，所以说"亲民"是儒家讲个人修养的第二个层次。

"明明德"不会顿悟，而是一个逐渐领悟的过程，是一点一点将自己善良美好的本性发挥出来，这个渐进的过程进行到一定层次之后，就会达到"亲民"的效果。可以说，"亲民"是修"明明德"的效果。

修行是否到位没有统一的评判标准，关键就在于你身边的人怎么评价你。你身边的人都评价你是个好人，我们认为你的修养已经小有所成了。这就是通过"明明德"，达到了"亲民"的境界，也就是孔子说的"修己以敬""修己以安民""修己以安百姓"的境界。通过个人的修行，最后把国家治理好，让老百姓都受益，这叫"亲民"。

儒家是入世的学说，在此体现得淋漓尽致。儒家讲修行，佛家、道家也讲修行，但是这三者的差距特别大。道家、佛家的修行以出世为目的，出世就是要离开红尘。道家要白日飞升，佛家要超脱六道。而儒家的目的是入世，没有丝毫闪躲，就是要在滚滚红尘之中走向人生的成功，就是要在人类社会里面成为大人物。

修行的目的不同，导致修行的方法也不同。儒家的修行方法非常特殊，和佛、道不一样。如果按照道家的修行，评价的标准是最后能不能结丹。而儒家修行不靠这个来评价，你觉得自己进步了不行，得让周围的人评价，达到了"亲民"，即大家愿意和你来往，这才是修行到位了。你的修行进没进步，要从这方面看，这种评价体系丝毫不能掺假。孔子在谈到自己的人生志向的时候，曾说过："老者安之，朋友信之，少者怀之。"这是孔子想要修到的境界。"老者安之"，即比你年长的人和你打交道，心态平和，充满信任感，觉得你踏实可靠，是个好人，这就是修行到位的一个体现。"朋友信之"，即平辈的朋友信任你，认为你可靠，是好哥们、好朋友，值得信赖。"少者怀之"，即小孩子想念你。你有一段时间没有去他家串门了，孩子会问爸妈，为什么那个叔叔不来了？我想叔叔了。总而言之，就是你身边的人，不论是长辈、平辈还是晚辈，都愿意和你亲近。显然，孔子这句话就是对《大学》"亲民"的具体阐释，这也是"亲民"应该达到的境界，是孔子修行所追求达到的境界。

一句话，测验你的修行是否到位，不用考试，就看你能否理顺人际关系。

我们引申一下，什么叫管理？学了一大堆管理思想，公司里几十号人都摆不平、搞不定，那就是没学会，或者是学得不对。按《大学》的思路，管理的关键在哪里？就是"亲民"啊！你的员工都愿意和你亲近，在你的公司上班都觉得心安，心情非常愉快，对你非常信任，你的公司还会管理不好吗？怎样做到"亲民"呢？"明明德"啊！就是要按照儒家的修身方式加强个人修养，唤醒我们美好善良的本性，表现出我们本来具有的仁、义、礼、智这些美好的品质。

不仅是做企业，任何人要想获得人生的成功，都必须通过"明明德"做到"亲民"。为什么？不管你从事什么职业，工作都不能不与人打交道。你想一想，有不用与人打交道的职业吗？有人说，野生动物专家不用和人打交道，他天天待在山里研究动物。但是，是谁来评价他的研究是否有成就？是谁来评价他的人生是否成功？是人！而不是动物。如果他就是想默默地研究一辈子动物，那也没有关系，但如果他要证明自己，让社会接受他的研究，不是还得和人打交道吗？

也许有人会说，我们不在乎虚名，而是要做点儿实事儿。你仔细想一想，没有虚名能做成实事儿吗？当然，人生不能为了虚名，但想要成功还必须有点儿虚名。要有名，就必须和人打交道。

在实际生活中去体会：人生想要走向成功，不管从事什么职业，都要处理好人际关系。原因很简单，我们是要在人类社会里走向成功！评价你是否成功的是人，影响你是否走向成功的还是人。所以，人生成功的关键是"亲民"，是使身边的人和你亲近，这样才能理顺人脉，而理顺人脉是走向成功的第一步。

如果我们抛弃儒家的理念，不是由"明明德"实现"亲民"，那么，人生的成功就是非常偶然的事情了，能不能成功全靠撞大运，或者说好听点儿，听从命运的安排吧。古人也经常发类似的感慨，"时来天地皆同力，运去英雄不自由"，这是唐朝罗隐的两句诗，就是把人生的成功归到天地、命运上去了。现在，很多企业家一遇到困境，首先想到的不是增加个人修养，而是改变企业的风水布局；不是"反求诸己"，而是向外求。这不是儒家提倡的理念。

按儒家说，影响你的不是命运，而是你自己。明代四大高僧之一的云谷禅师非常认同孟子的说法，他说过一句名言——"命由我作，福自己求"，套用今天的一句流行话就是：我的命运我做主，我的幸福是我自己求来的。通过修身改变自己，由"明明德"实现"亲民"，这样人生的成功才具有了必然性。人变了，一切都变了。这才是儒家的观点。

从企业的角度来说，关键是人际关系有没有理顺，内部有没有理顺，外部有没有理顺，之所以优先思考这个问题，是因为这是企业走向成功的关键。上游为什么给你涨价？和他的关系没理顺！下游不给你卖货了，市场打不开，为什么？关系没理顺！员工不积极，为什么？内部关系没理顺！为什么没人给你投资？社会关系没理顺！在我看来，企业管理就是理顺企业内部的人际关系；企业经营就是理顺企业外部的人际关系。所以，管理好、经营好一个企业，关键就在于这两个字——"亲民"。

一切人生的失败，基本上都能从人脉上找到原因，这才是问题的根本。我们遇到事情时，优先考虑的是要通过自我修炼，达到理顺人际关系的目的，这样人生自然走向成功。

人生的很多事情都取决于人际关系，把身边的人际关系都理顺，"亲民"了，大家都愿意亲近你、帮助你，那就是"得道者多助"，你的人生必然走向成功。《大学》"三纲"的第二纲"亲民"，谈的就是这个问题。

"亲民"可以说是"明明德"的效果，但"亲民"还不是"明明德"的终极目标，终极目标是"三纲"的第三纲"止于至善"。

"至善"就是达到极致的善，达到终极的善，也就是孔子说的"七十而从心所欲不逾矩"。"从心所欲"，即按照自己心里的想法去做，"不逾矩"，是没有任何不合规矩的地方，也就是说，心里一点恶念都没有，心里的所思所想都是善的、都是合规矩的、都是符合社会要求的。能达到这种境界，就是"止于至善"，就是停留在绝对的善之中，这是个人修养的最高境界。

"明明德"最开始就是把善发挥出来，但是，后天习染的恶习都去掉了吗？没有，也不可能一下子都去掉，如果那样要求谁都做不到。修行是一个循序渐进的过程，最开始就是想办法使内心先天的美好品德发挥出来，压过我们身上的恶，在我们的日常生活中，我们的善念、善行占的比例越来越大，最后大于百分之五十，就是君子了。但恶念、恶行不可能一下子就完全除尽，儒家的修行中没有"顿悟"这一说。

《论语》提道："蘧伯玉年五十，而知四十九年非。"孔子很推崇蘧伯玉这个人，说他到了五十岁的时候，知道自己四十九岁那年犯了哪些错误。言外之意，四十九岁的时候知道四十八岁时犯的错误。显然，修行是一个渐进的过程，是把错误、恶习逐渐去掉的过程，善的比例越来越大，恶的比例就越来越小，最后才能达到"止于至善"。像孔子七十岁的时候那样，心中是百分之百的善念，所思所想连一点不好的念头都没有了，这是修行的最高境界，是终极目标，是个人修养的最高境界。

"明明德"，首先要达到"亲民"，但这时候还是有恶念、恶习的，因为不是没有缺点才能得到身边人的认可，老百姓是不追求完人的。但在儒家看来，这是个人修养的较低层面，不能止于这个境界，最高目标应该是"至善"。本着这样一种修炼方法（或者说追求），古人提出了一些相关概念。

宋明理学中有一个非常有名的理念，叫"存天理，灭人欲"，即要保存老天给你的那些属于你善良本性的东西，灭除后天人为的那些欲望，因为是欲望导致你偏离正道，使你的"明德"受到蒙蔽。还有一个概念叫"慎独"，就是当你独处的时候，是尤其需要慎重的，这是修行的关键。因为当你独自一人的时候，没有外在的监督，恶念容易冒出来，所以这时候你要尤其小心。

"止于至善"很难做到，但这应该是人生的愿景。在个人修养方面，我们的奋斗目标是"止于至善"，然后才能有动力一步步走下去。《论语》上讲"任重道远"，什么叫任重道远？"仁以为己任，不亦重乎？死而后已，不亦远乎？"将在生活中落实"仁者爱人"的儒家精神作为自己的任务，作为自己的使命，这不是非常重大的一项任务吗？要用自己的毕生时间去完成这项任务，一直到死才停下来，这条道路不是非常遥远吗？实际上，"止于至善"就是我们需要用一生的时间去落实的重任，真的如孔子所说，"任重道远"。

"止于至善"是一个愿景，我们努力一辈子也不见得能达到，但是我们一生向着这个目标去努力，这叫"死而后已"。我们的修养需要修多长时间？一直修到死而后才停止，不死不休，不死不停止，一直修下去。

孔子评价他最喜欢的弟子颜回，说颜回能达到三个月不违背仁，就是连续三个月处于"至善"的境界。那么三个月之后呢？孔子没说，说明颜回有时候也从"至善"里面出来。看

《论语》我们会发现，孔子对颜回的评价高到不可思议的程度。孔子说他的弟子中能称得上"好学"的就颜回一个，不幸颜回短命死了，现在没有"好学"的人了。颜回作为孔子最优秀的弟子，也仅能连续三个月处于"至善"的状态，而不能"止于至善"，停留在"至善"的状态之中。那么孔子的其他弟子呢？按孔子的评价，是"日月至焉而已"，即有的人能达到"至善"一天，有的人能达到"至善"一个月。孔门七十二贤人，也才只是达到了这个境界，可见"止于至善"有多难。

孔子自己说："吾十有五而志于学。"我们不能说孔子十五岁才开始有志于学习文化知识吧，那太晚了，古人八岁就入小学学习诗书礼乐了，所以孔子说的"志于学"，是志于"大学"，即孔子十五岁就树立了自我完善、成就一番事业的志向。古人说年纪时说的是虚岁，按周岁孔子才十四岁，在今天就是一个初中生吧，在这个年纪就已经确立了终生自我完善的远大理想，多么不可思议！所以孔子才成为大圣人，千古以来没人能比得上。孔子从十五岁立志从事大人之学，并进行自我修炼，一直修到七十岁，修了五十五年，才达到"从心所欲不逾矩"，才达到"止于至善"的境界。可见，"止于至善"是多么难的事情。说一句泄气的话，我们是毕生无望进入这个境界了。

但是，不论能不能达到，"止于至善"都是儒家学者的毕生追求。"任重道远"这四个字，体现了儒家学者真实的心态或者说心路历程。虽然我们注定不能达到"止于至善"，但按照儒家的方式修行，就应该将"止于至善"作为我们的愿景和梦想。不管能不能达到，首先要有愿景，然后才能在这条路上坚定地走下去。修到"亲民"就觉得不错了，容易止步不前，不能够充分地自我完善。所以，在我看来，"止于至善"是儒家修行应该树立的远大理想。

"止于至善"是《大学》提出的儒家的愿景，这就是"立德"，后面还要讲"立功"。从儒家整体的价值观来看，"立德"是方法，"立功"才是目的。

《礼记·礼运》中讲："大道之行也，天下为公。"这句话后来被孙中山提出来作为奋斗目标。孔子讲，他的愿景是要达到一种大同社会。什么叫大同社会？孔子自己接下来解释说，这个社会需要提倡贤能，"人不独亲其亲，不独子其子"，鳏寡孤独都有人赡养，男人有理想的职业，妇女有理想的家庭。从这个角度看，孔子所说的大同社会可以超越社会主义初级阶段，直奔共产主义了。在孔子的时代，能实现这个大同社会吗？显然不能。但这恰恰是孔子的愿景，是孔子终生奋斗的方向。虽然孔子奔波一生也没有实现他理想中的大同社会，甚至一直到死他都没能看见一点实现的希望，但正是因为有了这个愿景，孔子才成为中华民族的伟大圣人。在这种思想的指导下，儒家著名学者都有自己的伟大愿景。

孟子的愿景是："穷则独善其身，达则兼善天下。"意思是：社会不给我机会，我也能自我完善，社会给我机遇，我可以让天下人都受益。

宋代理学家张载的愿景是四句话："为天地立心，为生民立命，为往圣继绝学，为万世开太平。"张载号横渠，因此这四句话也被称为"横渠四句教"。这四句话如何理解也是一个见仁见智的事情，我不想把这个问题弄得太复杂，姑且采用一种网上的解读，就是：为社会重建精神价值，为民众确立生命的意义，继承往圣先贤那些即将失传的绝学，为天下万世开创太平基业。张载认为，这是每一个读书人应有的理想和愿景。

在抗日战争期间，我的师爷马一浮先生在随浙江大学迁往西南的途中，受邀给浙江大学的师生做国学演讲，他的第一讲就是"横渠四句教"。我们回顾一下那个年代的时代背景就会发现，马一浮先生之所以讲这个题目，是为了振兴民族精神，达到抵抗日寇的作用。传统文化的价值要在社会功能上体现。

可能有人会说，日本人都打过来了，你还讲这个？还是讲讲怎么抵抗日寇吧。抵抗日寇那是技术层面的问题，而不是思想层面的。真正解决问题的不是技术，而是思想。如果一个国家拥有最先进的武器，但是没有民族精神，同样会亡国。在那个年代，马一浮先生作为一名学者，需要做的就是大声疾呼，通过振兴传统文化来振兴民族精神。民族精神振兴，中国才能振作，才能抗日成功。

在我看来，今天中国的很多问题其根本还是在民族精神上。改革开放几十年了，中国的 GDP 全球第二了，但全世界对中国人的尊敬度，以及中国的世界影响力，达到世界第二了吗？儒家的愿景在当下仍然是我们振兴民族精神所需要的。

宋代另一位大学者范仲淹的愿景是："先天下之忧而忧，后天下之乐而乐。"这句话出自他的名作《岳阳楼记》，这篇文章早就被选入中学语文课本，但我们真的能理解范仲淹的境界吗？

一个国家、一个民族，甚至是每一个人，如果没有愿景、没有梦想，就无法振作精神，就无法自强自立，再去奢望人生走向成功，就只能是痴人说梦了。

我们强调愿景的力量，但首先要明白什么是愿景。

我曾经和一些企业家聊天，说到企业要想做大做强，一定要有愿景。有人说我们有愿景，愿景就是要上市。我说这叫目标，这不叫愿景。后来我发现，相当多的人都把目标和愿景混为一谈了。

什么是愿景？从前面讲的几位儒家著名学者的愿景中我们

可以归纳出愿景的特征。第一，愿景是很难实现的。第二，愿景一般不直接与物质利益相联系。用愿景打造团队，才能给你带来成功，但愿景不是目标，也不是承诺。

举个历史上的例子吧。刘邦在观看秦始皇的仪仗队的时候说"大丈夫当如是也"，即大丈夫应该这样；项羽在看到秦始皇出行的壮观场景时说"彼可取而代之"，即我要取代他。对比来看，刘邦的心胸大于项羽。刘邦想要达到那样的境界，但没有给自己设立假想敌。项羽也想达到那样的境界，但前提条件是把秦始皇弄下来，他坐上去。这两种境界的差异直接导致竞争的结果就是项羽没有斗过刘邦。

那么，这两个人说这句话的时候，处于什么样的生存状态呢？刘邦生于普通的农民家庭，史书里记载，刘邦的妻子还亲自下地干活儿，他自己也没有受过像样的教育，做过的最大的官是泗水亭长。我觉得，这个官相当于今天的街道办事处主任，或者是农村的治保主任。项羽虽然出生于楚国贵族之家，但秦始皇灭楚国时，他的家族受到沉重打击，他和叔叔项梁处于逃亡状态。这两个人都想成为国家最高领导人，但在当时的条件下，这显然是不可能完成的任务，也不直接与他们的物质利益相联系，所以说，这就是刘邦和项羽的愿景。但是，最终灭掉秦朝的，就是这两个人，这就是愿景的力量。

项羽为什么没争过刘邦呢？从愿景里就看出来了。愿景导致心态的不同，决定了做事情的方法不同。陈平给刘邦出主意使用反间计，刘邦给陈平四万两黄金，让陈平随便花，连"白条"都不要，只要把这个事儿干成就行。结果陈平成功地离间了项羽和他手下第一谋士范增。那么多钱，不问怎么用，只要结果，这就是境界，这个境界是靠愿景支撑的。两个人的心胸、境界不同，决定了后来的一系列做法都不同。心胸不够，是不会采用和刘邦类似的方法的，即使有人给你提建议，你也不会采纳。

眼睛盯着钱，实现的肯定小，眼睛盯着愿景，才能把钱看淡。你赚得不多的原因就是把钱看得太重了。你眼睛里只有钱，就会发现钱永远在你的正前方，你拼命地追也不一定能追上；当你的眼睛超越钱，看得更远的时候，会发现钱就在你脚下，随手就捡起来了。

再举个小说中的例子吧。《西游记》中唐僧师徒四人就是一个微型团队。虽然团队只有四个人，除了管理者唐僧，其他三个人代表了三个类型。第一个类型是孙悟空，能力强，但是脾气不好；第二个类型是沙僧，踏实肯干，担子总是他挑着；第三个类型是猪八戒，好吃懒做，能力不行，不过善于溜须拍马哄领导开心。作为一个企业家，这三种类型的人你都需要。有能征惯战的，业务才能开拓；有吃苦耐劳的，企业的基本运转才能保证；当然也需要溜须拍马的，这样才能把你伺候得乐呵。我的问题是，在这些人里面，为什么唐僧是领导？就是因为他有愿景啊！

唐僧要能力没能力，要体力没体力，但他有一个最大的优点，就是愿景清晰，他念念不忘的就是取经的事业，不论遇到何种艰难险阻，他都坚定地一路向西。结果呢？团队在唐僧的带领下发生了天翻地覆的变化。

回忆一下《西游记》前几十回的描写，想想这仨员工都是什么素质？孙悟空大闹天宫被压在五行山下五百年，遇到唐僧才被放出来，用今天的话说，是刑满释放人员。八戒、沙僧都是在天宫中犯了错误被罚下界的，用今天的话说，属于劳动改造人员。开玩笑地说，唐僧率领着一个由劳改犯和刑满释放人员组成的团队，要完成西行取经这样一个艰巨的任务，多不容易？你看，开始的时候团队是什么情形？孙悟空被唐僧训了两句，就一个筋斗云跑了，猪八戒动不动就要分行李回高老庄。可以说，第一类员工经常存在跳槽的想法，惹是生非；第二类员工更差，随时准备卷款逃跑。

但唐僧靠着他坚定的愿景把团队带出来了。到《西游记》后几十回再看团队的变化，唐僧被妖怪抓走，孙悟空上天入地想办法，动用自己的一切人脉、资源去救唐僧。猪八戒的改变也很大啊，三打白骨精之后，孙悟空被唐僧赶走，后来唐僧被妖怪抓走，八戒去求大师兄回来，在花果山遭到一系列的戏弄，可以说为了事业放弃个人的尊严，为了事业忍辱负重。

作为企业家，你应该想一想：你的企业里有没有这两类员工，一类是动用自己的一切资源为公司的事业奋斗，一类是为了公司的事业可以忍辱负重。《西游记》中还有一个细节，唐僧的白龙马是龙王的三太子变的，其中一回在和妖精的争斗过程中，孙悟空被打跑，唐僧、八戒、沙僧都被抓起来了，半夜白龙马变身成美女去暗杀妖精，这事儿本来和他没关系，但危难时刻他主动站出来。你公司里有这样的员工吗？不是他的业务，但在困难时他主动来帮忙。一对比就看出来你的团队和唐僧的团队的差异了吧？为什么唐僧西行取经都成功了，而你的企业却一直在亏损？

唐僧是怎样带出这样一个团队的？靠奖金？靠物质刺激？都不是。靠的就是唐僧愿景的坚定。唐僧的名言是：我如果命中该被哪个妖精煮了吃了，那就让他煮了吃了，但我人生的愿景就是向西走。唐僧就是靠愿景去感化团队，才使团队有了天翻地覆的变化。不要再抱怨手下大学毕业生素质差，唐僧最初的团队可是由劳改犯和刑满释放人员组成的。关键是你怎么带。

我认为，用愿景打造团队才是最好的带团队的方法。但是要注意两点。第一点，愿景必须是真实的，不是为了打造团队编的愿景。第二，要为愿景实干，你自己要坚定地向着这个愿景前进。就像唐僧坚持向西那样，从来不躲避困难。

只有目标没有愿景的企业家最后带出来的是懒散的团队，事业在达到一个高度后开始走下坡路，最后慢慢走向崩溃。有目标并且只用物质来激励团队的企业家，带出来的团队可能会突然崩溃，因为用物质来激励的最终结果，要么是你给不起，要么是员工不想要了，一旦物质激励不再发生作用，这个团队就会瞬间崩溃。

有愿景的企业家才能带出高效学习型团队。但如何树立愿景呢？我们回到《大学》上来。

愿景不是什么我们前面讲过了，但愿景应该是什么呢？从哪里入手思考呢？第一，"止于至善"，愿景要有利于完善自我。愿景不能从赚钱出发，要从完善自我的目的出发。第二，"治国平天下"，就是要有益于社会。你树立一个愿景，要成为最伟大的科学家，这是对的，但你发展科技是以毁灭地球为目的，这就错了，你就成为全民公敌了。

总结一下，什么是愿景？就是远大到难以实现的理想，而且这个远大的理想不应该直接与物质利益相联系，但应该是有利于自我完善的、有益于社会的。人生要树立愿景，因为愿景不仅能使我们迸发出活力，还可以打开我们的心胸。现在我们不是常说"心胸有多大事业就有多大"吗？想扩大心胸，首先就要树立愿景。

古今的伟人都是在年轻的时候就确立了愿景，才有了一生的丰功伟绩。比如，我们都知道的，周恩来总理上学时，老师问同学们为什么而读书，同学们回答什么的都有，只有他说："为中华之崛起而读书。"作为一个学生就有如此远大的愿景，所以他后来才成为开国总理。"不想当将军的士兵不是好士兵"，不是说一定要当将军，而是要有当将军的愿景。有这种愿景的士兵，和想当三年兵退伍的士兵，精神面貌能一样吗？

愿景对我们教育子女也是有启发的。儒家对孩子的教育就包括《大学》，让孩子确立愿景，要"止于至善"，要"治国、平天下"。有愿景的孩子有自律精神，当家长的都知道，好孩子不用管。可是，我们现在教育的最大问题是抹杀孩子的愿景。问孩子长大之后想做什么，孩子说想成为一名伟大的科学家。家长的反应是什么？"别胡思乱想了，快做作业去吧。"久而久之，孩子就不再有梦想了。如果我们持鼓励的态度呢？"真好，真有志气。可是，你数学成绩才八十多分，要成为伟大的科学家，这个成绩可远远不行啊。"如果孩子真的把成为伟大科学家作为自己的愿景，这之后你还用管他的数学成绩吗？他一定会自动自觉地努力了。

我们现在是把孩子美好的理想都换成明确的目标，给孩子从小灌输的目标就是考清华、北大，等真的考上之后，目标实现了，就迷茫了，逃课打游戏去了。就这样，很优秀的孩子被培养成平庸的学生了。

《大学》让我们认识到愿景的重要性，这是我学习《大学》的一个重要心得。

佛教提倡，"诸恶莫作，众善奉行"，就是自我完善；"庄严国土，利乐有情"，就是有利于社会，只不过佛家把这个社会放得比较大，不仅是人类社会，还包括一切有情众生。这种修行也不会带来物质方面的利益。可见，佛教实际上也是一种愿景。所有伟大的思想都是帮人树立一种愿景，愿景的出发点虽然不一样，但是思考的都是完善自我、有益社会。

我们要想成为一个成功者，首先要树立愿景，不论你树立什么样的愿景，一定要符合两点：完善自我，有益社会。在愿景的指导下，我们才有可能走到儒家说的"三不朽"境界。这是《大学》"三纲"带给我们的启示。

明白了"三纲"，就是明白了"明明德""亲民""止于至善"三个概念，《大学》的第一句话就容易理解了。"大学之道，在明明德，在亲民，在止于至善。""道"在古书里面内涵非常丰富，绝对真理、宇宙本源、客观规律、途径方法都可以称为"道"。我觉得，这里说的"道"，我们不必弄得过于复杂，理解为方法就可以了。我们前面讲过，"大学"是成为大人物的学问，"大学之道"就是成为大人物的学问里的具体方法，换句话说，就是人生走向成功、成为大人物的方法和途径。这个方法和途径是什么呢？就是要通过"明明德"，使自身的光明本性重放光明，唤醒先天的美好素质，以达到"亲民"，使身边的人都亲近你、信任你，由此理顺人脉，获得资源，成就人生的事业。但在这个过程中，一定要有"止于至善"的发心，树立宏伟愿景，要以有利于自我、有益于社会为出发点，这样才不会误入歧途。

"明明德"谈的是自我修养，是出发点，方式方法也在其中；"亲民"谈的是个人修养的效果、功能和作用；而"止于至善"谈的是人生的愿景和终极追求。《大学》的"三纲"已经暗示我们，这就是人生的成功之道。只要树立愿景、树立远大理想，然后从自我修炼入手，就能事业有成、就能自我完善。

什么叫大学之道？就是人生的成功之道。人生的成功之道就是这三点：第一点，树立远大的理想或者说树立愿景；第二点，从自我修养、自我修炼、自我完善入手；第三点，理顺人脉。这样就能够事业有成了。

第三讲　六　证

在"止于至善"之后，《大学》讲了六个次第，或六种境界，这就是《大学》的"六证"。

知止而后有定，定而后能静，静而后能安，安而后能虑，虑而后能得。物有本末，事有终始，知所先后，则近道矣。

首先是"知止"，"止"是前提，"定"是结果，这叫作"知止而后有定"，即明白了什么叫作"止"，而后才能稳定下来。"六证"不是逻辑关系，而是一种人生感悟。

所谓"知止"，联系上文，就是要知道"止于至善"。每个人都应该知道自己的"止于至善"是什么，因为每个人的愿景都是不一样的。从道德修养的角度来讲，对于"止于至善"大家是一样的，都是"明明德"，即把善良本性发挥出来，然后停留在其中，这是修行的一个境界，也是很难达到的一个境界。我们每个人都知道善是什么，而且每个人都有能达到善的时候，但一直停留在"至善"的状态下不脱离就很难了。

这里说的"知止"，即知道"止于至善"，并不是指道德修养的最高境界，"知止"是对"止于至善"的一种解析。"止于至善"是一种愿景，一种很难实现的愿景；"知止"也是一种愿景，不同的人应该有不同的愿景。每个人要根据自己身份地位的不同确立不同的愿景。并不是全社会的人都拥有共同的愿景。"止于至善"是在抽象的层面上，大家都一样，但落实到具体生活中，在规划职业生涯的时候，在确立人生愿景的时候，人和人是不一样的。

愿景或目标都要是善的，不能是恶的，不能对社会和其他人有害。不能树立这样的愿景："我就是以毁灭人类为己任！"这不是树立愿景，是给自己找倒霉。我们看美国电影里面经常有这样的科技狂人，他追求的就是在这个星球搞破坏，他的这个愿景显然是对人类社会有害的，是恶。俗话说，流氓不可怕，可怕的是流氓有文化。确立坏的愿景并为之奋斗，还"知止而后有定"，坚定地作恶，对社会的危害就大了。所以，《大学》原文在前面提示，要"止于至善"，"知止"一定是善的，树立人生的愿景一定是善的。判断善恶的标准是，是否有利于自身的发展和完善，是否有利于社会和人类。总之，愿景不能对社会和其他人构成危害，这叫"知止"。这也是儒家修行的第一个方面。

确立愿景需要一个慎重的思考过程，确立自己人生愿景的时候首先要考虑"明明德"，要有利于发挥人性中善良的一面，其次要考虑"亲民"，要使大家愿意亲近你，就是要有益于他人、有益于社会。"六证"是儒家修行的六大步，"知止"是第一步，即首先要树立愿景。

愿景树立起来之后，人生的奋斗目标才能确定。愿景往往是不一定能实现的，而奋斗目标才是要实现的。"有定"就是有明确的奋斗目标、稳定的奋斗目标，这是儒家修行六大步的第二步。

"知止而后有定"，"定"就是确定，指人生的目标确定，也指心定。我们后面讲诚意正心的时候，还会提到这一点。有了愿景之后，要向愿景前进，人生的目标自然就确定了，然后就知道应该做什么了。这叫"知止而后有定"。

人生的奋斗目标一旦确立，马上就会清楚自己需要具有什么样的能力和素质，才能实现这个目标。如果你的愿景是成为国际影星，那么你首先要成为一位知名演员。成为知名演员就是目标，因此你的目标就确定了。愿景、目标都确定之后，你应该具备什么能力和素质，自己就清楚了，应该学什么、练什么也就清楚了。

顺便说一句，我们都知道学习的重要性，也在强调要打造学习型团队，但应该学什么呢？现在很多人把学习和读书画等号，这是不对的。古人有一首诗："竹帛烟销帝业虚，关河空锁祖龙居。坑灰未冷山东乱，刘项原来不读书。"说的是，秦始皇为加强统治而焚书坑儒，最后秦朝亡在刘邦和项羽的手里，刘、项二人都不是读书人，才发现这事儿与读不读书实在是没什么关系。尤其是在当下，在打造学习型团队的时候，不能一提到学习，马上就去读书，而是首先要知道自己应该学习什么。

作为企业家应该学习什么呢？《论语》第一句话"学而时习之"就已经说清楚了，即学习并时常练习，就是要经常在实践中运用，要学那些你在实践中经常要用到的东西，用一句最俗的话来说，就是别学没用的。可是，什么对你有用呢？只有在树立愿景和目标、明确了前进的方向之后，你才会知道什么对你是有用的。否则，学习就会陷入迷茫。

现在很多爱学习的企业家什么课都上，什么都学，在我看来，这种行为不仅浪费了大量的宝贵时间，而且学了一些根本用不着的东西。问题出在哪里？就是他们连愿景和目标都不清楚，所以不知道自己应该学些什么，就本着"艺多不压身"的态度，什么都学吧。

大学生厌学在很大程度上也与没有愿景和目标有关，因为没有树立起愿景和目标，没有自己的职业生涯规划，所以不知道什么对自己有用，进而觉得大学课堂上讲的内容都对自己无用，就不想学了。我曾经对我的学生们讲，如果你自己都不知道什么知识对你有用，却让老师给你讲点儿有用的，老师怎么可能做得到？你们与其攻击教育体制，不如想想自己的愿景和目标是什么。

确立了愿景和目标之后，你的心是安定的，是踏实的。不仅知道该学什么、该练什么，而且每天忙于学习、练习，生活充实，心自然是非常安定的，也就不会为外物所左右了，和你的奋斗目标无关的事就不能干扰你了。这个时候你就不会关心股票涨没涨，房价涨没涨，这些已不在你的考虑范围之内了。为什么？因为你不想成为房地产商，也不想成为股神。这就是心安定了。

目标明确之后，外在的困扰不会再干扰你，心安定下来，然后才能进入儒家修养六大步的第三步，也就是第三个境界——"定而后能静"的"静"，沉静，能真正的静下来、沉下来。目标确定后，在向着目标奋斗的过程中，心是安定的，整个人才能沉静下来。用我们今天的话说就是不浮躁。怎样才能做到不浮躁呢？你得先做到"定"。

大家都在说，当代中国人特别浮躁。浮躁的原因在哪儿呢？目标不确定！今天看股票挣钱就去炒股，明天看房价涨了，又把股票卖了买房子。没有明确的目标，没有愿景，所以心不定，心不定就会"心为物役"。

浮躁的具体体现是做什么都做不长久，浮躁的人无论做哪一行都没有一个长远打算，这在当代企业家中表现得特别明显。他在进入这行的时候就没想干长久，只是因为这行最近一段时间火了、好挣钱，他才干的。愿景、目标统统没有，导致目光短浅、没有长线思考等一系列弊端，这些现象我们就评价为浮躁。

但他为什么浮躁呢？因为他的心不定。心为什么不定呢？因为他没有明确的目标。为什么没有明确的目标呢？因为愿景没有树立起来。所以，必须按儒家的修行方式来修。首先要树立愿景，然后目标才能明确，这是"知止而后有定"；目标明确之后，心才能安定，人才不会浮躁，人才能沉静下来，这是"定而后能静"。

然后进入儒家修行六大步的第四步："静而后能安"。人不浮躁，能够沉下来，然后才能安于某种状态，而不再见异思迁。"安"就是在某种状态下感觉心安理得，感觉心非常喜乐平和。比如，我的目标是经营好我的小饭店，愿景是把家传的手艺向社会推广，为大众提供一份美食，因此我能够沉静下来，专心思考怎么弘扬我的手艺，怎么改进、完善我的手艺，从而让顾客更满意，我因此非常享受这种开店的生活、这种生存状态，这就是由"知止""有定"达到了"静""安"。

人能安于某种状态，直接体现出了一个人的素质。这个"安"是指正面的安，不是负面的安，负面的安不用"静"也能"安"。实际上，负面的安恰恰是心不静的状态，正因为心不静，才需要通过外物使自己心安。凡是这种靠外在刺激才存在的安都是暂时的、虚假的，是离不开外物的。

禅宗有这样一个故事：二祖慧可来见菩提达摩，断臂求法，达摩问他求什么，慧可说："弟子心不安，请大和尚为我安心！"达摩道："把你的心拿来，我为你安心！"慧可发现自己的心不安，但没有通过修行使自己心安，而是求菩提达摩为他安心，也就是想要借助于外力使自己心安，这个想法就是不对的。达摩为启发他，让他把心拿来，他发现心拿不出来，这才明白，没办法借助外力使心安下来，必须通过自身的修养使心安下来。这是佛家禅宗的开悟。

儒家的修养讲究的是"定而后能静，静而后能安"。心静之后，人沉静下来，才能心安，这种安不借助于外力，是长久的和稳定的。如果你发现自己心乱，一个人在家待不住了，需要外在的力量才能使你的心安下来，这种安就不是真实的。人要先修到沉静的状态，而后才能达到真正的心安。

要想使自己静心、安心，就应该寡欲，削弱对物质利益的渴求。如果做事完全以营利为出发点，脑子里天天想的都是怎么赚钱、怎么促销、怎么改进营销模式，而没想过怎么打造团队，结果就是人浮躁了。当下企业家们都在研究营销模式，而不是想怎么把产品做好，不是想怎样满足消费者的需求，而是想怎样让消费者购买，在我看来，这实际上就是在研究怎么骗人，就是浮躁。

儒家并不拒绝物质利益，但出发点是把事情做好，利自然来，所以儒家讲"君子不言利而利在其中"。儒家教你修身，不教你赚钱，但当你修好了身之后，自然就能赚到钱。

修行的第四个次第"安"，也是随遇而安，这时的心境是喜乐平和的。人首先要不浮躁才能随遇而安，才能不焦躁、不纠结。沉不下心来是因为利心太大。

能够心安，才能进入儒家修行六大步的第五步："虑"，就是正确地思考，"安而后能虑"，心安才能正确地思考。大部分人做不到正确思考，就是因为心不安，不能深刻、深入地思考，用我们平时的话说就是着急，一着急就不能思考得深入，思考停留在问题表面，结论就不可能正确了。

举个例子，生于二十世纪六七十年代的人，谈恋爱多长时间后才结婚？基本是以年为单位的吧！三年或者五年。二十世纪九十年代的人谈恋爱多久后结婚？好像是以月为单位的吧？用三年时间做出选择，正确的可能性极高；用三个月时间做出决定，错误的可能性极高。人和人的智商差不多，用三年时间和用三个月时间做决定，谁看得更准确就不用说了吧！所以中国现在离婚率越来越高，有句话是"因不了解而走到一起，因了解而分开"，可见决策是草率的，才导致了最后的分开。结婚前为什么不好好了解？因为心沉不下来，浮躁。

儒家追求心安是为了"能虑"，让心安定不乱，人才能正确地思考。如果心乱了，对事物的分析、判断乃至决策都会出问题。要追求"虑"，追求正确的思考，对人生的问题做出正确的分析、判断，首先你的心不能乱。

"虑而后能得"，能正确地思考才能"得"，才能明白，才能得到，人生才能走向成功。这是儒家修行六大步的第六步。

我认为，《大学》里虽然将儒家的修行分为六个层次或六个次第——止、定、静、安、虑、得，但最重要的实际上只有两个环节，一个是定，一个是虑。要想人生走向成功，关键是把事情办明白；要想把事情办明白，首先要能想明白，就是"能虑"；而要把事情想明白，你的心就要安稳，即"定"。有了明确的目标和方向，心安定下来、沉静下来，才能正确地思考。所以我认为，"六证"里最关键的是"定"和"虑"，做到了"定"之后，"静"和"安"是比较容易做到的。

"定"和"虑"比较而言，"虑"更重要一些，如果你能够正确地思考，我认为哪怕心不安也行，这样虽会影响你的幸福指数，但并不影响你走向成功。你在心乱如麻的状态下，依然能做出正确的判断，不影响你走向成功。但是你天天心乱，幸福感就没有了。人心安可以增加幸福指数。但如果修到一颗心千百载微波不泛的境界，可是遇事则迷，什么事都想不明白，那也没有用。

儒家是入世的学问，是指导人在今世奋斗、在社会上打拼的学问，所以关键在"虑"字上。一定要学会正确的思考，"安"反而是次要的。"安"是我们实现正确思考的途径、方法，不是目的。不以追求心安为目的，而是要追求心安理得，通过心安达到理得，能够把握住真理，正确地思考，做出正确的判断，这才体现出儒家是入世的学问。

"六证"可以分为三个层次。"止""定"是第一个层次，以"止"为出发点，通过"定"为下一个层次奠定坚实的基础；"静""安""虑"是第二个层次，"虑"是关键，"静""安"都是为了达到"虑"，但没有第一层次的"定"，也达不到真正的"静""安"。"得"是第三个层次，在我看来，"得"也许不必作为修行的一个次第，"得"是得到、是成功、是修行的效果、是修行带给我们的益处。

以前我读南怀瑾先生讲《大学》时，记得他是讲"七证"的，他把"知止而后有定"的"知"也作为一证，就是知、止、定、静、安、虑、得七个次第。"知"就是知道，如果你根本不知道还有儒家修行方式这回事儿，或者你知道却根本不相信、不当回事儿，那不是真正的"知"，那样的话，后面六个层次对你来说也就没有意义了。修行首先得从知道并相信开始，知而后能行。所以我觉得，南先生将"知"作为一证也是有道理的。我想，去掉"得"添上"知"，即知、止、定、静、安、虑，这样的"六证"也许更确切一些。这是顺便说的一点我个人的思考，古人不是这么讲的，古人讲"六证"都是止、定、静、安、虑、得。我们还是按照古人的讲吧。

如果把"得"理解为一个层次的话，那么就应该凸显其实践性。"虑"是正确的思想，有正确的思想就一定有正确的结果吗？这需要看你在实践中能不能做得对。有的人能想明白却不一定能做明白。所以，"得"作为一个修养层次的话，应该指把事情做明白。"虑"是正确的思想，"得"是正确的实践。

之所以说"六证"是六个次第，是因为能实现一个并不能必然地达到下一个，而是需要一个一个地去修。想在实践中把事情办明白，首先要能够正确地思考，能把事情想明白，"虑而后能得"。但是，能想明白就一定能做明白吗？不一定。所以，达到"虑"之后，你还得修，修如何达到"得"，就是在能够想明白之后，还得修怎样能把事情做明白。在心安的状态下才能正确地思维，正确地判断，"安而后能虑"，但在心安之后不去修这个"虑"，你也只是活在一种心安的状态而已，心态不错，但遇到事情不一定能想明白，人生的成功也就无望了。"静而后能安"，如果不继续修，心静如枯木死灰，是静了，但未必安。"定而后能静"，心定也不必然地带来心静，目标明确之后人也不会一下子就沉静下来。"知止而后有定"，"知止"之后如果不修，也不必然地"有定"。总之，需要我们一个次第一个次第地修上去。

"六证"的每个层级之间不是逻辑关系，不是可以通过逻辑推导出来的，也没有必然性，这是一种人生感悟。"知止"你就能够"定"吗？人生树立愿景之后，目标就肯定能明确吗？不是的。有人愿景清楚，目标仍旧不明确。我曾经认识一位老板，他的人生愿景非常清楚，是成为中国的巴菲特，他的办公室里挂着巴菲特的巨幅照片。谈到股市时他明显两眼放光，说："中国的股市到了这个时候，必然出现巴菲特那样的人物，不是我就是别人。"他愿景很清楚。但目标不清楚。他和股东闹翻了，股东们纷纷撤股不干了，公司办不下去了，把我请去看风水，问我股东为什么都不干了，是不是办公室风水有毛病？他可以说是有愿景没目标的典型。有一句批评人的俗话"志大才疏"，就是愿景很明确，但目标不清楚，导致什么也办不好。

人生目标确定之后就一定能沉静下来吗？好像也不是。生活中这样的例子有很多。比如，我的奋斗目标非常清楚，就是三年之后我公司的营业额达到一亿，但这样我就一定能沉下来吗？没有必然性吧。就算能沉下来，就一定能安于这样的状态吗？如果沉下来就一定能"安"，出家又还俗的怎么解释？已经沉下来遁入空门了，最后怎么又还俗，不安于那个状态了呢？"安"就一定有正确的思维吗？也不一定啊。所以这六步没有必然联系，要一层层往上修。

首先要想明白，人生的愿景是什么？不仅要想明白，还得坚定，还得"止"在这儿，把人生的愿景定下来。俗话说得好，要立长志，不能常立志。愿景树立之后立一个长志，长期的志向，而不是常常立志。这是儒家修养的第一步。先花点儿时间确立你的人生愿景，这是大人之学、成年人的学问，不要着急定下来，但一旦定下来就要稳定，不要总是变。

先想一想自己人生的追求是什么，要往哪个方向前进，这就是愿景。然后才是确定人生奋斗的目标。这是需要时间的，不是一拍脑门儿就定的，你要是一拍脑门儿就定下来，那肯定是过不了几天就得改。

确定了奋斗方向之后，自然就知道自己该做什么，该提高哪些能力素质、知识文化，然后才是使自己沉下来，不能浮躁，这也是需要修养的。不是目标定了人自然就能沉静下来，还需要修养。

沉静下来之后呢？要使自己安于这个状态，就是自得其乐。在向人生目标前进的过程中，不管多么辛苦，不管遇到什么挫折，你都要乐在其中，"人以为苦，我以为乐"。就像颜回似的，"一箪食，一瓢饮，在陋巷。人不堪其忧，回也不改其乐"，这样才能"安"。能不能修到"安"，就要看你能不能自得其乐。

我的硕士导师张博泉先生写论文一直写到去世，在别人看来，都退休了，七十多岁的人了，天天伏案工作，多么辛苦！但他乐在其中，如果不让他做，他觉得人活着没啥意思了。这就是"安"。安于这种生存状态，这种生存状态是人生的最大乐趣之所在，这才叫"安"。

使自己沉下来之后，还要修到"安"的状态，然后接着修思维。思维之后再接着修实践、修做事。儒家最后归结到入世，即你得去做事、去社会上打拼。这套儒家的修行方法不是培养学究的，是培养做事的实干家的。所以，最后一个境界是"虑而后能得"，培养出正确的思维之后，要在实践当中去落实。

"六证"的前半段是由动入静，后半段是由静入动。有了愿景、目标之后，使自己沉下来、安下来，这是使自己逐渐静下来的过程，是由动入静。但不能以静为目的，能进得去，还要能出得来，最后要从这个静的状态下出来，在生活中实践，由静入动。这才是儒家的修行。儒家思想的入世精神在这里充分地体现出来。修行，要先修进去，然后再走出来，先从红尘里跳出来，然后再回到红尘中去。人经过这一出一入，表面上看他还是他、还在这个社会中，但他的心境、能力等各个方面都完成了一次蜕变、一次质变，这个人实际上同以前已经完全不一样了。人变了，然后一切就都变了，他的人生就会走向成功，这才是儒家修行的目的。

"六证"讲的是六个次第，处处紧扣入世，最后的落脚点是要在现实社会中发挥作用，在现实社会中成为大人物，这是儒家思想最大的特点。

但怎么能做到这几步的修养？你可以参照下一步的那个字。

比方说"知止"，怎样树立愿景呢？你可以考虑先确定目标，先参考"止"的下一个字"定"。无法树立人生愿景，除了个人心性不定之外，最重要的原因往往有两个：一是方向不明确，二是没有自信心。

有职业的人往往比较容易确立愿景，是因为他方向明确，他从事的职业已经给他限定了方向，将自己工作上的目标结合起来，愿景就容易想明白了。如果是一个学生，从小学到中学、高中、大学，最后到读博士，他没离开过学校，没参加过社会工作，毕业以后做什么工作也不知道，他的愿景就不稳定了。他今天想，我毕业之后是不是下海？明天想不行，我还是像我的老师一样做学问吧。后天想也不行，你看我的老师天天多累，我可不能干那个。因为没有职业牵扯，所以他的愿景就难以确定。这是愿景树立不起来的一个原因。还有一种人，没有自信，愿景确立之后几天就变，因为他觉得自己不行，因此就撤了。这两种实际情况，解决办法都可以参照后面的"定"。当你愿景不确定的时候，没有办法想明白的时候，你可以先确定一个短期奋斗目标。

比如说，你现在硕士毕业了，要考公务员，这就是一个短期目标，没有愿景也没关系，先去考公务员，如果考上了，你的职业是公务员了，再结合着你的职业去设计愿景，就容易想明白了。

所以，当前一个修行的境界达不到的时候，可以参照下一个境界。当愿景树立不起来的时候，可以先"定"，先树立目标，使自己有一个稳定的前进方向，然后愿景会逐渐清晰起来。如果现在连人生目标也没有，就要注意了，那是因为你太浮躁了，这个时候你应该使自己沉下来、静下来，就是参考"定"后面的"静"。如果心静不下来，就要参考"静"后面的"安"，通过自己的调整使心稳定下来。如果现在心安不下来，可以参考"安"后面的"虑"，试着去思考、去学习。心乱的时候可以试着去想想问题，哪怕想点儿极俗的。比如今天晚上吃啥，晚上我要做几个菜，家里缺什么调料，开动脑子去想事儿，通过"虑"，能使心安。如果事情想不明白呢？参考"虑"后面的"得"，先做着看。说到这儿，我们才能真正理解邓小平说的那句名言"摸着石头过河"，就是摸着干，干着看。

总之，"六证"每一次第后面的字都能促进前面的字，这是修行的方法。怎么修出"止"？可以靠"定"。怎么修出"定"？可以靠"静"。怎么能修到"静"？可以靠"安"。怎么能修到"安"？可以靠"虑"。怎么能修出"虑"？可以靠"得"。这是具体的操作方法。

"六证"，就是六个步骤、六个层次，这是儒家修养非常关键的六个字，通过这六个字，达到一个完整的轮回。一个极俗的人，按照儒家这套方法修养，从世俗中脱离出来，变成一个脱离低级趣味的人。然后不是走向深山老林，去出世，而是重新回到世俗里面，这样就完成了一个轮回，这个人才真正修到了大人的境界，他的人生才能是通达的，才是走向成功的。

"六证"，就是六个次第，用我们今天的话说，第一个次第是树立愿景；第二个次第是明确目标和前进的方向；第三个次第是使自己沉下来、静下来；第四个次第是使心安稳；第五个次第是正确地思考；第六个次第是正确地行动。我的理解是，"三纲"是儒家修行方法的总纲领，而"六证"是修行的具体次第和方法。

然后《大学》原文接着讲："物有本末，事有终始，知所先后，则近道矣。""本"，最原始的意思是指树根，"末"是树梢，古人用"本""末"形容事情的重要和次要。"本"是根本，是重要的；"末"是末梢，是次要的。事物有重要的和次要的区分，这叫"物有本末"。换句话说，事物的重要性是不一样的。事情也是有终有始的，即"事有终始"。"物有本末"说的是事情的重要性不同，"事有终始"说的是事情的次第不同、次序不同。这两句话合起来就是告诉我们，人生的一切事物重要性是不一致的，排序也是不一样的，有的得排在前面，有的要排在后头，有的更重要，有的相对次要。总之，对人生的所有事情不能等量齐观，要分出轻重缓急来。

为什么在这里突然来这么一句？就是要告诉你，"六证"是有本末终始的，是在提示你，不要把"六证"等量齐观，它们有的重要，有的次要；有的得放前头，有的要放后面，"六证"有自身的次序，不能乱。我们上面讲止、定、静、安、虑、得，这是终始，就是次第；强调"定"和"虑"两个字，就是本、根本，是最重要的。在儒家六个层次的修行上，我们最应该下功夫的，一个是"定"，一个是"虑"。修这六个方面，下的功夫是不一样的。愿景一旦想明白之后，再不用考虑了，但是"定"和"虑"，却常常得修，不能一次性结束，这叫"物有本末，事有终始"。"知所先后，则近道矣"，即能够知道这些事哪个放前面，哪个放后面，就接近于悟道了。这里讲的是次序，实际上次序也代表着重要性。

　　《大学》为什么把这个事情看得如此重要？因为在现实生活中我们经常忽视这一点，我们经常觉得，先做这件事也行，先做那件事也行，没有注意到处理问题的次序，最后把事情搅成了一锅粥。没有注意到次序的时候，就是你对事物的重要性没有分清楚，如果不清楚什么事情是最重要的，那么你肯定会错过机遇的。所以《大学》里才把这个事情强调得非常重要。

　　这句话也是承上启下的，"知所先后"，首先要知道"六证"有先后次第，然后下面要讲"八目"了。"八目"也是有先后次第的，重要性也是不一样的。

第四讲　八目之格物、致知

　　《大学》经部的下文讲的就是"八目"了。"八目"说了两遍，正着说一遍，反着说一遍，行文很有特点。

　　古之欲明明德于天下者先治其国，欲治其国者先齐其家，欲齐其家者先修其身，欲修其身者先正其心，欲正其心者先诚其意，欲诚其意者先致其知，致知在格物。物格而后知至，知至而后意诚，意诚而后心正，心正而后身修，身修而后家齐，家齐而后国治，国治而后天下平。

　　意思是，古代那些圣王明君，要想使自己的光明品德照耀天下的，对照下文，可知这指的就是"平天下"，想做到这一点的，要先治理好他的国家；想治理好国家的，先要管好自己的家；想管好家的，先要自己修身；想要修身的，先要端正自己的心；想端正自己心的，先要使自己的意念真诚无伪；想自己的意念真诚无伪的，先要获得真正的知识；要获得真知，先要会格物。下句话是一个枢纽，"致知在格物"，既是上面一段话的最后一句，又是下面一段话的第一句，能够做到格物，就能够获得真正的知识，然后才能够使自己的意念真诚无伪，才能端正自己的心，这样就做到了修身，修好了自己，就能管好家、治好国、平定天下了。

由上面这段话，古人提炼出了《大学》的"八目"，就是格物、致知、诚意、正心、修身、齐家、治国、平天下。

对照上面的第一句和最后一句，可知"平天下"就是"明明德于天下"，用你的美好品德照亮天下。这是什么意思？就是让全天下的老百姓都能认识到你的美好品德，这样老百姓才能亲近你、信任你，这就做到了"三纲"中的"亲民"，也就是《论语》上说的"修己以安百姓"。作为最高领导，能把他善的、美好的一面充分展示给天下百姓，天下百姓就会信任他、亲近他，他就能做到"平天下"了。两种表述方法存在着微妙的区别，"明明德于天下"是方法，"平天下"是效果，暗示我们，要用"明明德于天下"的方法来达到"平天下"的效果。具体来说，"修己"以"明明德"，然后"明明德于天下"以"亲民"、以"安百姓"，这就实现了"平天下"。

之所以通过"明明德于天下"可以达到"平天下"，孟子的一句名言可以为我们提供答案："仁者无敌。"

"仁者无敌"是孟子提出的一个儒家的重要概念，在古代是极其时髦的。孟子一生游说诸侯，就是想把他的这个理念落实到政治实践当中，但他和孔子一样，周游列国一辈子，最后也没人用他，没有统治者给他实践的机会。

孔子是春秋末期人，孟子是战国时期人。战国时期社会动荡、激变程度远远超过孔子生活的时代，属于战乱年代。战国七雄——齐、楚、燕、韩、赵、魏、秦，再加上一些小国，中国境内一共有二十来个国家，一直在进行着吞并战争，最后到秦始皇时统一中国。这个时代之所以称"战国时代"，就是因为各国在进行激烈的战争。各国都追求在战争中获胜，都要无敌于天下，但是没有人用孟子的方法，他们认为孟子说得太空洞、不实用，大家都用法家思想治国，因此出现了战国时期的诸国变法运动。在这种背景下，兵家非常吃香，因为兵家研究的是怎样在战争中打败对手。

孟子提出的"仁者无敌"的政治理念，是走另一条路，用我们今天的话说，孟子要打一场人民战争。什么叫"仁者无敌"？孟子说，国君首先要成为一个仁者，要有仁爱之心，推行仁政，使老百姓衣食无忧，就是我们今天说的小康，如果哪个国家的国君能让百姓过上小康生活，那么别的国家的老百姓都羡慕这个国家，就会纷纷向这个国家迁徙。当时地广人稀，所以统治者优先要考虑的是怎么控制人，而不是控制土地。后代便不是了，后代最主要的是控制土地，讲地主思维了。按照孟子的思路，你国家的老百姓过得好，别的国家的老百姓就都往你这儿跑，你的国家人口密度大，劳动力多，生产的财富就多，兵源就多，战斗力就强，别的国家怎么可能打败你？如果别的国家侵略你，老百姓会自发地进行抵抗，因为老百姓知道其他国君的统治不好，所以必须把他们打回去，以保障自己现在的小康生活。统治者如果能做到这一点，不就无敌于天下了吗？所以孟子说"仁者无敌"。

怎么能做到"仁者无敌"？把你善良美好的一面让天下老百姓都看到，老百姓就都亲近你，都往你这儿移民，其他国家自然就打不过你了。从今天的角度看，我觉得孟子的话是有一定道理的。什么时候我们能打败美国？我觉得，标志性事件是大家不再想移民美国了，那就意味着美国衰落了。这就是一个风向标，就是一个参数。显然，孟子说的"仁者无敌"也好，《大学》里说的"明明德于天下"也好，从今天的角度去思考，都是有一定道理的。但是，在实践操作上却是有一定难度的，因为这种方法不能马上见效，需要时间。

下面我们具体地解释"八目"。

我理解，"八目"不是一个层面的东西。前面四个——"格物""致知""诚意""正心"，说的是"修身"的具体方法。后面三个——"齐家""治国""平天下"，说的是"修身"的效果。所以，"八目"是三个层面的内容，即修身、修身的方法、修身的效果。"八目"的核心是"修身"二字，所以《大学》后面说"自天子以至于庶人，壹是皆以修身为本"，"壹是"就是全部都是，意思是从天子一直到普通老百姓全部都要以修身为根本。大学的中心思想就是这句话。

按次序，先说"八目"的第一目：格物。

朱熹和王阳明的最大分歧也正是在这里。朱熹讲："格物者，格，尽也。须是穷尽事物之理，若是穷得两三分，便未是格物，须是穷尽得十分，方是格物。"按照朱熹的理解，格物就是对事物进行终极式的研究，把事物里面包含的理彻底弄明白。这个"理"朱熹显然理解为天理，如果我们浅白些理解，就是事物中包括的规律性。格物就是对事物的研究达到穷尽的状态，提炼出事物所包含的客观规律。但是，宇宙中的事物是无穷尽的，能否完全进行规律性总结？站在哲学的高度来说当然能。哲学就是世界观，就是方法论，就是对宇宙间事物的抽象把握，就是对事物的规律性、真理性的认识。但这是纯理论上的，在实践上是很难做到的。通过对具体事物的深入研究，进行一种规律性总结，这是非常非常难的。举个例子，化学中的分子式是经过多少代化学家的研究，最终才总结出来的，仅仅靠哪一个人是不可能做到的。对宇宙间的万事万物，都要如此去把握，即从具体事物入手，最后进行规律性提炼，人这一辈子能提炼出几个规律来，这一辈子能认识几件事物呢？效率极低呀！而儒家是入世的学问，是要学以致用的，如果一辈子也研究不出几条规律来，怎么能在生活中加以运用呢？所以，朱熹的解释从理论上是说得通的，但在实践上是行不通的。

王阳明认为，"格物之功只在身、心上做"，"格物"的"物"也不是指所有的客观事物，而是指与人身、心相关的那一部分事物。归根结底，格物格的不是外在事物，而是人自身。

《周易·系辞传》讲"方以类聚，物以群分"，其中的"物"就是指人，这是金景芳先生反复强调的。东北骂人话说某某人"不是物"，实际就是骂他不是人，"物"和"人"是同义词。南北朝刘劭的名著《人物志》中"人"和"物"也是同义词，这是古汉语的用法。从这个角度说，王阳明的看法也是有道理的。

如果"格物"是研究人，那么，通过"格物"达到的"致知"，即通过研究人所获得的规律，也就不会是自然界的规律，而是关于人的规律，是对人性的把握。按照王阳明的解释，"格物"是要了解人，然后了解人类社会的规律。

"格物"是"明明德"的根本。"明明德"是要把人善良的本性充分发挥出来，那么人的本性是什么？是不是善良的？哪些是先天本性，哪些是后天培养的？我们面临一系列的问题。可以说，对人的本性没有深刻的认识就做不到"明明德"。"格物"就是要深刻地理解人，以便做到"明明德"。

王阳明是立足于对朱熹的否定来提出自己见解的。其实，王阳明年轻的时候是尊重朱熹的说法的，他曾经想通过格明白一件事物打开自己的虚灵心性，达到心能应万物的一通百通的境界。因此，他选择了格竹子，以为把关于竹子的一切想明白，并由此提炼出自然规律，就能将万事万物贯通。结果是，王阳明对着竹子苦思冥想了七天七夜，也没有把竹子想明白，反而把自己弄病了。王阳明由此对朱熹的学说产生了怀疑，三十七岁时"龙场悟道"，才提出了自己对《大学》中"格物"的理解。

我个人对这个问题的理解虽然倾向于王阳明，但王阳明和朱熹都是儒家的大学者，依我的学识，去肯定一个否定一个是不大合适的，我的学问和他们二人没法比，所以我觉得，将王阳明和朱熹的看法合起来理解"格物"的内涵可能更好一些。如果从这个角度出发，"格物"既是格人，也是格事，就是了解人、了解事物。

怎样了解人呢？《三字经》说得好，"性相近"，人的本性都是相似的、差不多的，如果我们能把一个人参透，也就可以了解所有的人了。要从人里面找一个个案进行深入剖析的话，研究自己是最方便的，我们自己也是人啊！这也是儒家提倡"反求诸己"的原因。先从自己身上入手，这才能看得明白。因为人性是相通的，我们把自己的心理活动想明白，将心比心，就能明白别人是怎么想的了。这就是《诗经》上说的"他人有心，予忖度之"，他人心里是什么想法，我们是可以猜测出来的。

对自己的心态充分理解，然后就能理解其他人。但是，你真正了解自己内心的想法吗？深入思考一下，你恐怕就不敢肯定了。儒家修行的第一步是反思，要让自己先沉静下来，才能发现真正的自我，才能完善自我。绝大多数人并不真正了解自己，想真正了解自己的话，需要沉下来进行一番冷静的思考。如果对自己没有一个清醒的认识，与人相处是处不明白的。

了解人，先从了解自己开始，需要了解自己的真实想法、内心的冲动从何而来，把这些搞清楚了，人生的决策就百分之七八十没有问题了。

　　人生的挫折都是从错误的决策开始的，决策错误的关键是没有把握住自己内心真实的想法。不了解自己真正的动机和需求，就不可能做出正确的决策，当然也不可能达到预期的效果；没有认识到自己最大的毛病是什么，也就永远改不掉这个毛病。所以，"格物"的第一步认识人，首先是认识自己。

　　修身的起点是什么？是格物，不格物就做不到修身。如果想要加强个人修养，却张口就骂人，就不妥了。为什么？通过格物知道的。为什么要这么修养？因为这么修养才能"亲民"，才能"修己以安百姓"。如果想亲民，为什么不能通过打人的方式实现？因为这不符合人的本性。打你是为你好，打你是因为爱你，不过这种方式你自己接受不了吧？那么别人也接受不了，因为这不符合人的本性。

　　所以，想做到"明明德"，达到"亲民"，就要用符合人性的方法和人沟通、和人相处。儒家总结八个字——"孝、悌、忠、信、礼、义、廉、耻"，都是符合人性的与人相处之道。按照这些原则和人沟通，人家才能和你亲近。不按这个沟通，就达不到预期效果。

　　我觉得，人的一种本性儒家已经意识到了，但是没有公开说出来，那就是人的本性是自私的。正是因为儒家看到了人的这种自私的本性，所以提倡"仁""仁者爱人"，你照顾到别人的利益，别人就觉得你是好人，反之就恨你。也可以说，人类社会是在人的自私本性的基础上构建起来的，儒家维护等级秩序，是因为人类社会需要分等级，这源于人自私本性的等级秩序和分别，而这恰恰才是人类社会前进的动力。

　　儒家的这种见解与马克思主义是相通的。恩格斯在《家庭、私有制和国家的起源》一书中明确告诉我们，人类从原始社会走向文明，是从明确家庭和私有制开始的，私有制导致财富分配得不均衡，由此产生阶级和阶级社会，这构成了人类社会发展的动力。

先秦诸子百家中，有一派杨朱为己之学，将人性的自私论述到了极致，其著名论断是"拔一毛而利天下，不为也"，拔你一根汗毛就可以使全天下人都获利，你干不干？杨朱的回答是不干。他反问道，为什么有利于全天下非得要拔我的汗毛？可以说，这种论断就是立足于对人的自私本性的认识。当然，杨朱是将人的自私本性发展到了极致，不够中庸。但是，从"格物"的角度来说，我们要想真正地理解人、理解人类社会，就得对人性有清楚的认识，特别是对人的自私的本性有清楚的认识。儒家讲"仁者爱人"，讲修行也好，都要由近及远，就是因为儒家看到了人本质当中的自私性。

"仁者爱人"是一个总纲，儒家的修行是从爱自己开始的。爱自己在哪里体现？"廉""耻"就是爱自己，清廉、知耻，就是维护自己的名誉，这就是爱自己。守住"廉耻"二字，你才活得像个人，不那么龌龊。在爱自己的基础上，将爱向外扩展，先是爱父母，就是"孝"，然后是爱和自己一起长大的兄弟，也就是"悌"。接下来是孟子讲的"老吾老以及人之老，幼吾幼以及人之幼"，让你的爱心越来越大，爱自己的老人进而也尊重别的老人，爱护自己的孩子进而也爱别人的孩子，这是爱逐渐扩大的过程。可以说，儒家提倡的"孝悌忠信礼义廉耻"等修行方式，立足点和出发点就在于对人性的深刻理解，这就是格物的功效。认识人性、符合人本性才能行之有效，不符合人本性的东西，无论你怎么提倡，都是提倡不起来的。

儒家提出的齐家、治国、平天下的方法，都是立足于对人性的把握。利用人的本性把人引导到善和正确的轨道上来，这就是"明明德"，就是"亲民"。所以，一切都要从"格物"入手，对本性的认识错了，其他的就都做不到了。因此儒家讲"八目"的第一目就是"格物"。

对于人性，儒家、法家的理解不同，导致两家学说治理社会的方法也出现了本质性差异。儒家，特别是孟子，认为人的本性是善的，而法家认为人的本性是恶的。因此，儒家提倡仁政，讲教化，讲究"修己以安百姓"；法家讲究用严刑酷法约束人，压制人的恶的本性，使人不敢作恶。两者完全背道而驰。

从哲学的角度看，人性是善是恶是可以讨论的，但是从实践的角度讲，不能提倡人性恶，否则社会就乱了。战国时期百家争鸣，到汉朝确定以儒家思想为统治思想，我认为这是古人反复思考的结果，认定了"人之初，性本善"。提倡每一个人都是善良的，这本身就是一种对人的心理暗示，每个人都自动地向着善的方向发展，社会才容易和谐，才能通过教化和道德建设使社会走向和谐，管理社会的成本才低。

每个人如果都接受"性恶"的心理暗示，每个人都觉得自己作恶是正常的，是人的本性的体现，那么人为什么不作恶呢？因为有政府管着。那么，只要在政府管不到的地方就可以胡作非为了吧，发现法律的漏洞就一定得加以利用吧，如果每个人都这样，政府又如何管得过来，就算管得过来，又需要投入多少人力物力啊？管理社会的成本就实在太高了，可能高到任何政府都承担不起。

因此我觉得，从实践的角度说，要提倡"性本善"。儒家对于人性的理解，从哲学的角度讲不见得具有真理性，但是从实践的角度来说，却是应该提倡的。

理解人性从深刻剖析自己入手，然后将心比心，就能理解所有人了。那么基于什么去猜测他人的想法？想清楚在这个场景下自己是什么心理状态，换位思考就能知道他人是什么心理状态了。看电影看到悲剧情节，你流泪了，那别人呢？别人大多数情况下也会这样。

综上，我们对"格物"的内涵做一个总结。我认为，"格物"可以分为两个层面，较低层面是了解自己、理解他人、明白事物，较高层面是理解人类社会、认识人性。首先是了解自己，然后是推己及人，这样就能了解其他人；理解了自己和他人，也就能理解事物了，因为所谓的事物，就是人与人之间的事。而要想真正地了解自己、理解他人，还应该理解人类社会、认识人性。

有关"格物致知"的具体方法，我总结了四句话，分别出自儒家的五部经典。

第一句，"尽心率性，遏恶扬善"。"率性"出自《中庸》，"遏恶扬善"出自《周易》。意思是，能穷尽自己内心真实的想法，经常反思，日积月累，就会对自己有一个真实而全面的认识，然后才能完善自我，但在这个过程中，一定要本着遏恶扬善的目的。

"格物"一定要"止于至善"，把自己善的一面发挥出来，恶的一面控制住，这是一个自我心性修炼的过程。但这是手段，不是目的。为什么这么修？为了理顺人际关系。修好自己就能理顺人际关系吗？不能！还得进一步"格物"。以了解自己为开始，以了解他人为归宿，等把自己认识明白了，自然就能了解别人了。

不要先去猜测他人，那是"逐物"，先想明白自己，这才是"格物"。这也是儒家的识人方法。如果他人的表现和你的猜测完全相反，或者他的表现完全不符合人之常情，不符合人性，那就基本可以肯定，他不是真诚的，他在伪装。然后再思考他为什么要做这样的伪装，就可以把一个人看得清清楚楚、明明白白了。

古人讲："事之至难，莫如知人，事之至大，亦莫如知人，诚能知人，则天下无余事矣。"人生最重要的事情就是了解人，最难的事情也是了解人，如果你真的能了解他人，世界上就没有什么解决不了的事了。学会"格物"就会发现其实了解人并不难。

第二句，"他人有心，予忖度之"，出自《诗经》。

了解他人并不难，前提条件是想明白自己，然后将心比心、推己及人，就能把他人看明白。想不明白自己，就会误解他人。比如，别人指出你的缺点、错误，不论言辞多么激烈你都可以接受，因此你以为别人也是如此，就以十分激烈的言辞批评他人，结果导致人际关系紧张。这就是没有想明白自己、推己及人，因而误解了他人。"格物"首先是想明白自己，你在批评他人之前应该好好想一想，如果他人用这样的话说你，你真的能接受吗？你真的能不生气吗？有人可能会说，我说这些话之前，根本就没想过他能不能接受，那说明你根本就没有"格物"，你根本就没有考虑他人的感受，所以你的人际关系是不可能理顺的。

"格物"还要"止于至善"。本着善念出发，不要把人往坏了想，不仅要把自己想明白，还要做到我们后面要讲的诚意正心，即你的心要正。如果你自己心不正，却按照自己心里的想法去推测他人，就会犯另一个错误，就是古人说的"以小人之心度君子之腹"。顺便说一句，即使你"格物"非常正确，对他人的推测也是非常正确的，还要记住，不应该把你想到的全都说出来，那样是容易惹祸的。古代有个人，"格物"很厉害，看人非常准，走在街上就能认出某人是强盗，抓回来一审，果然是有案底的大盗。他用这种方法破案，屡试不爽，他的老师听到之后非常担心，因为他"格物"虽然做到位了，但太明察秋毫了。最后强盗们觉得只要有他在，大家就都没有活路了，因此联合起来把他暗杀了。所以说，聪明不能用尽，需要涵养。为人该糊涂的时候要糊涂，但不能真糊涂，这也是儒家心性修炼的一部分。

第三句，"己所不欲，勿施于人"，出自《论语》。意思是自己不喜欢的，别人恐怕也不喜欢，就不要硬加到别人身上。

这一点是我们在与人交往时经常要提醒自己的。如果你吃饭时不喜欢别人给你夹菜，你就不要主动去给别人夹菜；如果你不喜欢喝酒，就不要劝别人喝酒；如果你不喜欢别人说话兜圈子，你就有话直说，实话实说。如果每次朋友见面，你总是要劝他吃点儿他深恶痛绝的，再劝他戒掉一些他毕生珍爱的，那就没法来往了。

第四句，"行有不得，反求诸己"，出自《孟子》。

如果上面几点你都做到了，人际关系还是理不顺，"行有不得"，就是事情没有达到预期效果，怎么办？"反求诸己"，回过头来还是在自己身上找原因吧。我们改变不了别人，只能改变自己，因此在别人身上找原因是没有意义的，即使你找的原因是对的，他不改，你又有什么办法呢？我们只能从自己身上找原因，从改变自己着手。

以上四个方面是我对如何"格物"的一点儿理解，当然很不全面。下面再说一点我对"格"的不同理解。

格，也指格子、分成格子。我们为什么要把柜子分成不同的格子呢？是为了装不同类别的东西，所以"格"字也应具有对事物进行分类的意思。所谓"格物"，隐含着对人或事进行分类的意思。

"格"，暗示给我们一种"格物"的具体方法。怎样去了解他人、理解事物？就是要学会对人和事进行分类。这件事我不知道如何处理，可以想一想，它与以前发生过的哪件事情类似，将它们归为一类，然后就可以参照从前那件事情的处理方法去处理，我们通常说的按惯例，不就是这个意思吗？这个人你不是很了解，但你可以根据他的外在表现、所作所为，想一想他和哪个你比较熟悉的人相像，然后归为一类人，你就可以按照对待那位熟人的方法对他，多半就可以理顺和他的关系了。

面对想不明白的人和事，最简单的方法就是将之归类，一旦将之归入我们熟悉的人或事的某一类，我们也就找到了解决问题的方法，也就找到了与这个人相处的方法。

最后再强调一下，我们为什么要修格物？"格物"就是要了解自己、理解他人、明白事物，理解人类社会、认识人性，只有这样，才能把人和事想明白、看明白，才能把人生遇到的事情都办明白，人生才能走向成功。儒家的修身从"格物"入手，充分地显示出儒家入世的思想；《大学》将"格物"作为"八目"的第一目，充分地显示出《大学》设计的修行方式，是为了我们在人类社会中走向成功。

接下来谈一谈"八目"的第二目：致知。

从字面意思来讲，"致知"就是获得真正的知识。不论是获得关于人和人类社会的真正的知识，还是获得关于事物，特别是关于人生事物的真正的知识，都可以称为"致知"。

朱熹对"致知"的解释是："推极吾之知识，欲其所知无不尽也。"他说"致知"是将知识发展到极致，以至无所不知、无所不尽，就是获得全面的、整体的知识。他将"致"理解为极致，因此将"致知"理解为达到极致的知识。但是，从行文来看，"格物、致知、诚意、正心、修身、齐家、治国、平天下"中"格、诚、正、修、齐、治、平"都是动词，不应该唯独"致"字用作形容词，所以我觉得，"致"字还是理解为"获得"更合适一些。

王阳明试图给予"致知"一个更加深刻的解释，因此他在晚年提出了"致良知"的著名论断。王阳明的理论源自《孟子》中的一句话："人之所不学而能者，其良能也，所不虑而知者，其良知也。"孟子提出了两个概念"良能""良知"。按孟子自己的解释，不用学就会的叫良能，不用思考就了解的叫良知，显然都是指人身上先天的、与生俱来的东西。王阳明由《孟子》引申，认为《大学》的"致"是获得、达到的意思，而"知"，就是孟子说的"良知""良能"，不是后天通过学习和思考得来的，而是人先天就具备的那些知识，以我的理解，应该是指存在于人内心深处的先天对世界的感知。"致知"就是"致良知"，就是达到、获得先天的感知。既然人先天就具备这些"知"，为什么还要再去获得这些"知"呢？因为人先天的"良知""良能"受到后天习染的遮蔽，如果不修行，已经体现不出来了。所以我们需要修致知，以便唤醒我们身上先天的"良知""良能"。

"良知""良能"实在是非常美好的东西，因为一个是不用学就会的，一个是不用思考就能理解的，如果我们可以通过修行唤醒先天的"良知""良能"，那么，人世间的一切事物我们都不用思考就能理解、不用学就都会了。圣人之所以叫"生而知之"，他什么都知道、什么都明白、什么都会，不是后天努力学习的结果，而是通过修行唤醒先天的"良知""良能"的结果。

王阳明引入"良知"概念来解释"致知"，虽然精彩，但有点神秘主义色彩了。所以，对朱熹、王阳明的解释，我都不十分认同。不过，阳明心学中的另一个核心理念倒是对我很有启发，就是"知行合一"。

知，理解事物；行，在实践中落实。王阳明认为，知与行是分不开的，不是你先去知，理解明白了，再去落实。王阳明的名言是："知是行之始，行是知之成。"知是行的开始，行是知的成就，两者是无法分开的。如果不"行"，不去落实，不在实践中加以运用，王阳明认为那种知就不是真正的知。

比如说学开车，你只是进行过理论学习，了解了车的性能，从书本上学过如何开车，而没有摸过车，没有实践过，这时候如果有人问你知不知道怎么开车，你敢说你知道吗？可见，没有在实践中运用过的知，并不是真正的知，知与行是不能分开的。

从王阳明"知行合一"的理念去理解"致知"，则真正的知是离不开行的，是必须在实践中落实、在实践中加以运用的，所以，要想获得真正的知识，就必须行，就必须实践。从这个角度我认为，"致知"，即获得真正的知识，指的是把知识在实践中加以运用。

"格物"，是了解人、了解事物；"致知"，是将通过"格物"获得的关于人和事的知识在实践中加以运用，或者说，运用通过"格物"获得的知识去解决人生的现实问题。用王阳明的"知行合一"观念进行解释，则格物是"知"，致知是"行"。如果没有"致知"，不将这些知识在生活中加以运用，那么，"格物"，了解人、了解事物，就变成没有意义的事情了。可以说，"格物"是为了"致知"，"致知"是对"格物"的具体应用。也可以说，"格物"是从实践中来，"致知"是回到实践中去。这样理解，"格物""致知"就成为一套学问、一套功夫了。

第五讲　八目之诚意、正心

　　"八目"之中，"格物""致知"是一个层面的事情，"诚意""正心"是另一个层面的事情。"诚意"，即端正自己的出发点；"正心"，即端正自己的思想。从表面上看，"诚意""正心"是可以合并的。如果细分，"诚意"是动机，出发点要真诚无伪；"正心"是所有的想法都要端正，两者还是有细微区别的。

　　比如说，你的出发点是想帮这个人，但你后面的想法就能完全是正确的吗？可见"诚意"与"正心"并不完全相同。"意"是动机，是出发点，而"心"是后面所有的想法。端正自己的意念叫诚意，自己所有的想法都是正的，才叫正心。"正心"可以说是"诚意"的后续，两者合起来是一个过程，"诚意"是开始，"正心"是后续。

　　我们先说"诚意"。

　　下文在传的部分曾子解释了什么叫"诚意"，他归结为一句话："所谓诚其意者，毋自欺也。"就是不要自己欺骗自己，就是内心的每一个出发点都要真诚，为什么？因为只有这样才能做到"明明德"。不欺骗自己，就是要完全从内心真实的情感出发，这叫"诚意"。

　　格物致知才能诚意。对人性要有深刻的了解，对自我要有深刻的了解，然后才能知道自己内心真实的想法是什么、真正的愿望是什么，才能做到不欺骗自己。

曾子在下面还做了个比喻，来解释什么是不欺骗自己："如恶恶臭，如好好色。"就好像你讨厌恶气味一样，就像你喜欢美色那样。在这两个方面，我们是最容易知道自己内心真实想法的，是不会自欺的。比方说，厕所的下水道堵了，水流到走廊里，打开教室的门，屋子里立刻弥漫着臭味，这时候所有人的表现都是真实无伪的：捂鼻子的，皱眉头的，往外跑的，甚至骂脏话的，没有人会表现出高兴和喜欢来。美女走在街上，男人不管怎么控制，最后还是会多看一眼。不是说多看美女两眼就有什么想法，这是发自内心地对美的喜爱，是无法拒绝的，这也是一种真诚无伪的表现。

参照曾子的解释，我们可以这样理解：诚是真诚无伪，所谓"诚意"，是指真诚无伪地面对自己内心的真实想法，或者说，按照自己内心的真实想法去做，不自己欺骗自己。

我们前面讲过，"格物"首先是要了解自己，但是，如果没有"诚意"，就会自己欺骗自己，就不可能真正地了解自己，也就做不到"格物"。换句话说，要修格物，一定同时修诚意，甚至是先修诚意。

没有"诚意"，也不可能做到"明明德"。比如，你看见一位八十多岁的老人在街上摔倒起不来，有没有上去扶的冲动？这种冲动就是你内心真实的想法，就是你的"意"，这种善念就是你先天的"明德"的体现。可是，你做没做到"诚意"，按照自己内心的真实想法去把老人扶起来？大多数人没有去扶，这就是没有做到"诚意"。为什么？这个时候你去采访每一个没有扶的人，他都能拿出一种说法，他就是用这种说法说服自己的，说服自己不按照自己内心真实的冲动去做，这不就是欺骗自己的心吗？没去扶，先天善良的本性就没有体现出来，"明德"被后天的习染蒙蔽了，当然就没有做到"明明德"。我们要真诚地面对自己，才能看见自己善良的本心。

上面的例子虽然是日常生活中的一件小事，但如果我们经常在小事上这样欺骗自己，最后的结果是你根本不知道自己内心的真实想法是什么。小事如此，大事又怎么办？乾隆明知和珅是奸臣，但因和珅善于溜须拍马而离不开他，这不是自己欺骗自己吗？

骗自己就是留下一个陷阱，早晚你自己要掉进去。比如，你一定要把某个员工提拔到主管的位置上，为什么？你能够不骗自己拿出真实的想法吗？按儒家思想讲，莫要用你的情干涉你的心，那么在提拔一个干部之前，你能不能和他把关系拉远一段时间？现在干部提拔之前不是都要下放锻炼吗？如果你不能拉远和他的距离，你肯定欺骗自己了，你肯定不是因为他的能力素质提拔他的，而是夹杂了一些其他的原因。某个人可以长期不在你身边，你也不觉得缺了什么，说明你和他之间是纯工作关系，没有情感在里边；离开他你生活不自在了，那是因为他溜须拍马把你伺候好了。所以，在工作中提拔一个你在生活中离不开的人，你在用人上多半是有问题的，尽管你能说出一大堆提拔他的理由，但其实都是在欺骗自己罢了。

用人如此，做生意也是如此。这单生意该不该做？你的决策是发自内心的吗？恐怕大多数不是吧。那你的生意就做得危险了。

真正静下心来想一想，你会发现，在日常生活中，我们几乎每天都在欺骗自己。不论是什么事情，当你需要给自己一个理由的时候，当你需要说服自己的时候，当你说"但是"的时候，你多半就是在欺骗自己了。这方面我就不多举例子了，大家可以自己反思一下是不是这样。

小孩子一般不会自欺，所以儒家认为"诚"也是人的天性。比如，我换新衣裳给朋友看，问："看我这衣裳怎么样?"朋友一般不会说："好难看!"我们总是有点自欺地说："你穿着挺有个性。"这还算比较诚的了。还有的会很违心地自己欺骗自己："挺好，穿着挺好。"只有小孩子说的是实话："皇帝啥也没有穿啊!"小孩子受到后天的习染比较少，所以还经常能表现出天性中的"诚"。因此，孟子说："大人者，不失其赤子之心者也。"能够不失去其赤子之心，能像小孩子一样保持着先天本性中的"诚"，这样的人才是真正的大人物，才能获得人生事业的成功。可见，修这个"诚"对人生的成功是非常重要的。

修"诚"，也可以避免人生的许多尴尬，提高人生的幸福指数，让我们生活得更舒服一些。比如，朋友请你吃饭，你明明非常不喜欢这家饭店的菜，却不能守着"诚"，表露内心真实的想法，而是违心地说：这家饭店的菜做得真好吃。结果呢，朋友留心了，以为这家饭店的菜对你的口味，后来只要请你吃饭，就一定是在这家饭店，甚至你生病住院他给你送饭，还特意跑到这家饭店去打包饭菜。你没有做到"诚"，最后受罪的是谁?

妻子穿一身你认为非常没品位、非常难看的衣服问你：好不好看? 你不"诚"，没有本着内心真实的想法说，而是告诉她好看，妻子以后每次在重要场合陪你出席时一定穿这一套衣服，最后尴尬的是谁?

不仅生活中需要"诚"，管理上更需要"诚"。你如果不能做到"诚"，就容易让员工误解你。员工都以为你喜欢那个，实际上却不是这样，这不很容易出问题吗? 所以，唐太宗说过："君犹器也，民犹水也，方圆在于器，不在于水。"老百姓就像水一样，君主就像器皿一样，水的形状是方的还是圆的取决于器皿，而不取决于水。同样的道理，员工的状态实际上不是员工自己决定的，而是老板决定的。因此老板要"诚"，要让员工能够清楚地认识到想让他是方的还是圆的。老板想让员工圆，结果员工都认为老板想让他们方，那就出大问题了。

想要人生不纠结，达到内心喜乐的状态，"诚"是很关键的方法。不用违心地应付，不用其他的谎言来圆这个谎言，那才会喜乐，而且人际关系也会处理得很好。一旦有人问你：你究竟是什么意思？你就要反思了，对方不知道你真正的意图是什么，说明你没有完全做到"诚"，你就应该高度警惕了，你的为人处事肯定有问题了。

"诚"字非常重要，也非常难以做到。怎么修这个"诚"呢？

先说一种古人的方法：记日记。为什么古代那么多名人有日记传下来？他们不是为了把自己的人生记录下来供我们瞻仰，而是当年他们的出发点是自我修炼。在写日记的时候，你非常清楚，将来别人会看到的，虽然现在你不给别人看，但总有一天日记会公之于众，大家都会看到。存有这种心态，写日记就可以考验你是否做到了"诚"。当你记录自己的所作所为的时候，如果哪件事你不敢写进日记，或者写的时候自己有美化、有修饰，就可以肯定，你这件事办得一定有问题，你就反思、检讨吧。这是古人修"诚"的方法。

曾国藩在北京当官的时候，从道光八年开始，追随唐鉴、倭仁两位理学家修行，从两位老师那里他学到的重要的修行方法就是记日记。当时北京有一个按照儒家方式进行修行的小圈子，曾国藩是其中的一员，他们彼此还互相翻阅日记。我们想想看，如果你要求自己将所作所为都如实地写入日记，而且还知道马上就会有朋友看到，这对你的行为举止会有多么强的约束力，修行会多么精进，这就不仅仅是修一个"诚"字了。

曾国藩年轻的时候也是毛病非常多的人，傲慢、浮躁、不诚、好色、脾气不好，等等。他后来之所以能取得那么大的成就，都是按照儒家的方法一步步修出来的。读曾国藩的日记你会发现，他对自己日常的所作所为记录得非常简略，记的主要是和修养有关系的事情。特别是曾国藩年轻时候的日记，有很多深刻反省的内容。比如某天没忍住怒气，把家里的仆人骂了，反省；比如戒烟失败，复吸，自我批判，从此一辈子没抽过烟。写日记也是为了体验对自己错误的心痛。当然，反思自己错误的时候也会心痛，但你想的时候的心痛，和你写的时候的心痛，绝对不是一个档次的。所以，记日记所能达到的效果和反思绝对是不一样的。

记日记是古人一种自我反思的方式，通过记日记的形式逼着自己对一天的行为进行反思。但记日记不要记流水账，那没有用，要去反思。今天处理妥当的事情就不用记录到日记里了，哪件事情处理得不妥当，就需要记录下来，并反思自己当时是怎么考虑的，为什么采取了这种不妥当的方式，究竟是什么原因干扰你做出正确的决定。经过反思，下回才能做对。还有，今天白天做了哪件不应该做的事情，记录下来，反省、自我批评，并反思这件事反映出自己的哪些毛病，自己需要改正的病根儿是什么。

曾国藩从年轻的时候开始记日记，一直到死，他的主要目的是锻炼自己的心性。所以古人有一句名言："书有未曾经我读，事无不可对人言。"这是我追求的，但是我也做不到。"坦荡、磊落"，这是我仰望的境界、我的座右铭，但我不敢说我能达到。没有这一点，想达到孟子说的"我善养吾浩然之气"，是做不到的。

说到"事无不可对人言"，我又想到一位古人的故事。唐朝大将郭子仪，战功赫赫，荣华富贵一生，后来他家的子弟有点骄奢淫逸，欺男霸女的事情没少干，但是皇帝为什么信任他，还把公主嫁给他儿子？有一出戏叫《打金枝》，讲的就是郭子仪的儿子把他的妻子也就是公主给打了，皇帝作为老岳父不但没怪罪还袒护他这个女婿。郭子仪更是把家里的大门敞开，所有人都可以随意进出，他就是在向人显示"事无不可对人言"。

这是儒家最大的特点，它是针对所有人的，是阳谋。

阳谋的特点是我明白地说给你，然后它还能起作用。阴谋呢？见不得光，一曝光就无效了，这种谋略叫阴谋。儒家这些谋略都可以明白地讲出来，然后还能发挥作用，所以都是阳谋。

有人说，企业内训的课没法讲，因为老板和员工一起听。那只能说明你讲的是阴谋，要么是教员工怎么糊弄老板，要么是教老总怎么糊弄员工，所以老板和员工同时听，你就不会讲了。儒家的思想是阳谋，是各取所需，双方都能从中获得智慧，当然可以同时对老板和员工讲，甚至可以同时对所有人讲。儒家的思想智慧是人人都需要的。

作为员工，你和老板不"诚"，老板就不可能信任你。在老板面前，任何事情都是内心想法的自然流露，老板还能怀疑你吗？所以儒家讲，"诚自行来"，诚不诚，不是靠赌咒发誓，而是在事情上见，"诚"要在行动中体现出来。

当然，记日记首先是修炼"诚"，不要欺骗自己，如果明知道自己不能如实记录，那还不如不写，否则就不是修炼

"诚"，而是天天在作伪了。另外，记日记也是对自己行为的检验，当你下笔出现犹豫的时候，那件事你处理得肯定有问题，这就是你需要反思的地方。每天都对自己进行一番这样的检验，修行进步当然快。从"诚意"的角度说，真正做到这一点之后，才能对自己的一切动机、想法有准确的把握。

为什么要记日记？这不仅仅是道德修养，遏制自己的恶念，在我看来，其最重要的功能是对自己有一个清醒的认识，就是"格物"。修诚就是格物。如果不能对自己的动机有清醒的认识、正确的把握，你的决策肯定会出现错误；如果你自欺了、不"诚"了，对自己的真实想法没有准确的把握，你后面做的事情就要对不起自己了。你自己都不了解自己，又如何实现"格物"？又怎么可能了解他人、理解事物？那么你的人生不就是在稀里糊涂中度过的吗？还怎么可能走向成功？我觉得，"诚意"的重要性正是在这里。

怎样做到不欺骗自己呢？实际上曾子已经说得非常清楚了，就是"如恶恶臭，如好好色"。首先要知道自己内心的真实感受，一闻见这臭味，就非常清楚你讨厌这味道，看见美色的时候，你也非常清楚你是喜欢的。你了解自己内心的真实想法，就像后面曾子说的"人之视己，如见其肺肝然"，这是最重要的。了解自己真实的想法，然后你才可能做出正确的选择。

人欺骗自己是有惯性的，说谎说到最后，连自己都会认为是真的了。而且谎言也是有力量的，如果你每天睡觉前暗示自己说"我心脏不好"，就这么骗自己，连着骗半年，你可能真就心脏不好了，这就是谎言的力量。谎言甚至能够改变你的肉体，更何况是思想！人一旦习惯了谎言、不真诚，到最后，连自己都分不清楚自己说的是真的还是假的，本性中的"诚"和一切美好的东西就都被遮蔽了，"明德"就不再能放出光辉了，"仁、义、礼、智"这些先天的美好素质也就都体现不出来了。

当然，习惯成自然，"不诚"也是逐渐养成的习惯，这就是"习相远"，是后天逐渐受到社会熏染的结果。修养就是要去掉这些后天的习染，就是"明明德"。怎么去掉呢？先要把"不诚"的惯性斩断，我认为这是最关键的。

首先要做到不习惯性说谎，先把"不诚"的惯性斩断。修"诚"也得一点点修，几十年养成的惯性，哪能一下子就改过来？说了四十多年谎，突然间不让说谎了，那不可能啊。修"诚"要一点点地努力，一点点地克服自己。

可能大家都有切身的体会，我们经常说一些没用的谎言，虽无所谓善恶，也不涉及利益，但确实是谎言。比如，朋友打电话问："喂，在哪儿呢？"明明在外面，却说："在家看书呢。"实际你说在外面也不影响什么。又如，朋友们聚会吃饭，打电话问："你现在到哪儿了？""马上就到了！"实际上你还离着四五公里呢。仔细想一想，说这样的谎言是完全没有必要的，在这些情况下，实话实说也不会影响朋友关系，可是我们就是要顺嘴说谎，为什么？因为已经习惯了，已经习惯了"不诚"。

这种惯性养成的结果就是你会自己骗自己，容易自己也说不清楚自己说的是真是假了。比如，每次朋友请吃饭，你不想去的时候都说家里有事儿，等到有一次真的家里有事时，你告诉朋友："实在抱歉，这次吃饭我去不了，我家里有事儿。"你自己都说不清楚这次没去到底是真的因为家里有事儿，还是你根本就不想去，只是拿家里的事当借口。当习惯了"不诚"之后，你就会不清楚自己内心的真正想法是什么了。连自己都想不明白，又怎么可能想明白他人、想明白事情？又怎么可能将事情办明白？再想人生事业有成，岂不是痴人说梦？

所以，修"诚"的第一步是先去掉惯性的谎言。只要不会习惯性地说谎，离诚意就不远了。修"诚意"的第二个境界是尽量不说假话，但这不意味着把真话都说出来。

曾经有弟子对我说，做买卖不可能不说谎，比如，顾客问这东西进价多少钱？怎么可能不说谎？这是商业机密，不可以告诉他，不然的话，这买卖就没法干了。我说，既然是商业机密，你可以不告诉他，但是没有必要说谎。如果顾客问你这东西进价是多少，你可以说："你别管我进价是多少，我现在就要八千元钱卖，你买不买？""说八千元太贵了，那你多少钱能要？"咱们谈的是你多少钱买这个问题，你别管我进价是多少。哪怕是我八元进、八千卖，和你也没有关系，买卖就是一个愿打、一个愿挨。你没有回答他的问题，没有告诉他进价，但也没有说谎骗他，这就是"诚意"。你明明是八元钱进的，却告诉他进价是六千八，"所以我卖八千不多啊"，这就不诚了。

"诚"字虽然只有一个字，也得一点点修。先要在日常生活中提醒自己，逐渐杜绝那些没必要的、惯性的谎话，慢慢地再过渡到在关键问题上不说谎，但也不一定把实话都说出来。修"诚意"需要一个漫长的过程，原因很简单，我们说谎的习惯是几十年养成的，改掉自然也需要相当长的时间。

但也不要把这个事情想得太难，儒家的修行实际上是简单易行的。应该怎么做？学曾子，"三省吾身"。每天睡觉前，一切事情处理完毕后静静地反思自己的一天，哪件事情做得到位，哪件事情没做到位。如果想精进，就记日记。如果能够每天坚持，三个月内一定会有明显的进步。修行的过程就是去除后天污染、还原先天本性的过程。为什么一定要"诚"？"诚"才能"正"。"诚意"做不到，"正心"也一定做不到。"正心"，我们也可以理解为使内心充满善。可以说，"正心"是"诚意"

的必然结果。而"明明德"就是去除后天污染、恢复本性的过程，如果没有"诚"的话也是做不到的。所以，我们应该注意到，"诚"是儒家修养中的一个枢纽。

"诚意正心"加上"知行合一"就会达到成功。所以《论语》上讲，"见善不为无勇也"。认识到了这件事情是善的，却不能做到，这说明没有勇气。如果你认为《大学》说的是对的，那么你为什么不去做呢？原因在于没有勇气、决心、毅力。如果连这点儿勇气都没有，人生怎么可能走向成功？

很多人读完《大学》之后都觉得真好，但是真难落实。实际上，类似的说法不是今天才有的，战国时期就有人这么说。所以孟子讲，让你挟着泰山从北海上跳过去，你是做不到，让你折根树枝给老人家当拐棍，你还做不到吗？你只是不肯做而已。

儒家的修行方法是简单易行的，哪条你做不到？你就忙到那种程度？每天抽二十分钟反思的时间都没有吗？看八十集电视连续剧怎么有时间？是做不到吗？只是不肯做罢了。儒家的修行方法是简单易行的，但要持之以恒。很多人喊做不到的原因是没有恒心。今天心血来潮，回家反思一个小时，三天以后就不做了，这样是不会有任何效果的。

曾国藩年轻的时候给自己立下十二项课程，其中一项是规定自己每天写多少字。规定之后，曾国藩写了一辈子。他的目的当然不是为了练书法，而是为了修"恒"字。曾国藩深刻认识到自己最大的毛病是没有恒心，所以给自己规定这样的日课，每天必做，即使在领兵打仗行军途中，这项功课也坚持着。人如果有这个恒心，没有什么事是办不成的。

当代人为什么办不成事儿？原因是浮躁，没恒心。愚公移山的故事我们都知道，人一旦有恒心，最后的结果是山害怕了。中国古人为什么要讲愚公移山的故事？就是提醒我们做人要有愿景、有梦想，同时还需要有恒心。儒家所有的修行方式，只要你能持之以恒，没有哪个是难以做到的，关键就在坚持。

接下来说"八目"的第四目"正心"，端正内心，让内心的想法都是正确的、端正的，没有邪念。

对此曾子在下文也做了解释：

> 所谓修身在正其心者，身有所忿懥则不得其正，有所恐惧则不得其正，有所好乐则不得其正，有所忧患则不得其正。

曾子提出的心不正的四种情况，当然没有涵盖全部，只是举了四个例子，说明在这四种情况之下人心不容易"正"。

第一种情况，"身有所忿懥则不得其正"。当心中有怒气的时候，心是摆不正的。这种情况最容易出现在两口子吵架的时候，这时候心里想的全是对方的缺点，对方的优点全都想不起来了，这就是明显的心不正了。

第二种情况，"有所恐惧则不得其正"。害怕的时候，心就不正了。这使我想到一个对子女教育方面的问题，我们经常因为生气和恐惧导致心不正。孩子犯了错误，家长生气了，家长因生气而心不正，接下来的做法就更不正了，怒吼道："说！到底是怎么回事？"孩子害怕了，孩子因恐惧而心不正，就开始说谎，以便逃避惩罚，家长火更大了："还敢说谎？"更加生气，心也就更加不正，然后开始打孩子。家长和孩子双方心都不正了，这事儿就解决不了了。"都把我气成这样了，你还敢说谎！"实际上，就是因为你气成这样，他才说谎的呀，因为他害怕了、心不正了。这样的戏文好像我们家家都上演过吧！最终解决问题了吗？显然没有，只是闹得家庭不和谐。

第三种情况，"有所好乐则不得其正"。对你喜欢的人或事，或当你高兴的时候，你的心也是不正的。最常见的情况是，孩子们发生矛盾的时候，家长一般都会偏向自己的孩子，对问题的评判往往是不正确的，在不相干的人看来这是很简单的一件事，双方家长为什么就想不明白呢？因为双方家长都已经心不正了。有大喜事非常高兴的时候，你的心也是不正的，这时候你的员工犯了错误，若是在平时你一定会批评他，但今天就忽略不计了。

第四种情况，"有所忧患则不得其正"。当有所忧虑的时候，心也是不正的。生活中最常见的是亲人生病住院，因为忧虑，家属往往是心不正的，而一旦心不正，就不能正确地思考了，所以病人家属给人的感觉往往是呆呆的，没主意、没主见的。

以上四种情况——愤怒的情况、恐惧的情况、好乐的情况、忧患的情况，如果做一个归纳，这四种情况可以归结为一个字"情"，即情绪。曾子说的这四种情况我们可以概括为一句话：情绪影响心态。人生中影响我们心态的事情很多很多，但归根结底，影响我们心态的就是情绪。所以，要想在任何情况下都能够把心态摆正，就需要随时随地控制自己的情绪，不论喜、怒、哀、乐，都不能过分。

说到这儿，我们也就可以理解这套学说在战国时期为什么行不通了。你和国君去讲，先从随时观照自己的情绪、控制自己的情绪开始修行，他觉得太难为自己了，太难做到了，还是用法家吧，不仅见效快，而且出台的政策都是要求别人而不是要求国君自己的。

在愤怒、恐惧或有所喜好、有所忧虑的时候，都能把心态放正，这是一件极难的事情，这就涉及我们前面讲过的不能

"心为物役"了，就是你的心始终不受外界干扰。这太难了。

孔子"六十而耳顺"，他老人家修到六十岁的时候达到"耳顺"的境界，就是别人说什么都影响不了他的心态了。不受外界的干扰和影响，始终能把心态摆正，这是孔子修到六十岁的时候才实现的，从"十有五而志于学"开始修行，孔子作为大圣人还修了四十五年才达到这种境界，可见这是非常难的。但这还仅仅是"正心"的一个方面。

后面曾子还讲："心不在焉，视而不见，听而不闻，食而不知其味。"这是另一种情况。心没在这儿，就看也看不见，听也听不着，吃东西也不知道是什么味道了。为什么？因为你的心没在这儿。

曾子说的这些情况，我们都有人生经历吧。当你脑子里想事情的时候，别人喊你都没听见，就是"听而不闻"；虽然眼睛盯着书本，但脑子里想着其他的事情，书本上的字根本没看进去，就是"视而不见"；最典型的"食而不知其味"是在社交宴会上，老板们在饭桌上谈生意的，基本上吃不出个香臭来。为什么？他的注意力全在和客户交流上，他的心根本不在吃上。真正想品尝美食，就不要谈工作，把注意力全放在吃上才行。

根据曾子对"正心"的解读，我觉得，"正心"涵盖两个方面的修养：第一个方面是指把心态摆正，不受外界干扰；第二个方面是指心态专注，即无论做什么事情，心态都要专注，不能心不在焉。

不受外界的干扰，就是不能"心为物役"，不能被外在的事物牵着走、受外在事物控制，这样心态才能摆正。最典型的"心为物役"是看电影：剧情是喜悦的，跟着哈哈笑，一会儿悲剧了，又开始哭，你的心、你的情绪完全被电影左右。这个时候人是不会思考的。看电影的时候这样可以，因为那是消遣，在日常生活中如果也这样，那心就乱了，就没有做到"六证"的"定""静""安"，就不可能"虑"，就不可能有正确的思维。所以，要修"正心"，首先要做到让自己的心态不受外在的干扰。

按照曾子说的，人在恐惧、愤怒、喜乐、忧虑的时候心都容易不正，容易心态失衡。《大学》是成为大人物的学问，你要想成为大人物、成功者，控制不了自己的情绪是不行的。比如，在愤怒的情况下心态失衡了，做出的决策就可能把整个团队带向歧途，给公司带来灭顶之灾；恐惧的时候心态失衡了，如果是统兵打仗，在两军阵前，敌军开始冲锋了，统帅害怕了，还能做出正确的指挥吗？统帅临阵脱逃，部队必然一败涂地。所以，作为一个大人物，心必须不受外界干扰，始终能"定"，"定而后能静，静而后能安，安而后能虑"，才能正确地思维和判断。千军万马冲过来，心不恐惧，不受外界影响，才能对战场形势做出客观、准确的分析，才能指挥好这场战争。这才是大人物之学。

"正心"不仅对于大人物来说是必需的，对我们普通人来说，在日常生活中也需要修"正心"，也需要不受外界干扰，这样才能正确地思考，才能把事情想明白、做明白。可以毫不夸张地说，心正才能理顺夫妻关系，才能搞好子女教育，才能打开人脉、拥有资源，才能使人生事业走向成功。

说得夸张一点儿，修"正心"还是可以救命的。比如，遇到火灾、车祸等突发性意外事件，怎么能完成自救？首先要心定，你如果害怕了，"有所恐惧则不得其正"，就容易应对错误，结果是没逃出来。这时候的关键是心不受外界干扰，在危急关头能沉住气，能达到儒家说的"正心"，才能正确地思考怎么逃生，逃出来的可能性才大。

"正心"的第二个层面讲的是做事情要专注，不能心不在焉，因为心不在焉之后会"视而不见，听而不闻，食而不知其味"。连吃东西都吃不出滋味来，人生的幸福指数就下降了。所以有人发愿，说人生的最大愿望是吃得香、睡得着。这个人生愿望听着好像挺俗，甚至有一点好笑，但是你仔细琢磨一下会发现，能实现不容易啊！想要吃得香、睡得着，实际上也要修"正心"。

曾子是从反面论述的，说的是如果做不到"正心"，你听也听不明白，看也看不明白，别人和你说什么你都没听明白，怎么可能应对正确？

禅宗的很多公案是从正面论述的。举个例子，小和尚问老和尚：什么是禅？老和尚告诉他，吃饭时吃饭，睡觉时睡觉。什么意思？就是吃饭的时候就想着吃饭，睡觉的时候就想着睡觉，这就是禅。不要吃饭的时候脑子里还想着工作，否则结果就是"食而不知其味"；睡觉的时候还想着单位那些事儿，结果是失眠了。禅宗讲的修行实际就是专注。

还有一个类似的故事。小和尚问老和尚：什么叫禅？老和尚说："你端茶来我喝了，你端饭来我吃了，这就是禅。"实际上讲的也是一个专注。禅宗高僧们讲的道理，和《大学》里说的"正心"其实是一样的，就是做事情要一心一意。

做事情专注，就是活在当下。工作的时候，脑子里就想着工作，心专注于手头儿的工作，要是一边工作一边想着别的事情心就乱了，工作肯定做不好，弄不好还会出错。吃饭的时候脑子里就不要想其他事情，就是吃饭，尝尝这个菜怎么样，那个菜怎么样，这样才能提高幸福指数，这顿饭也会吃得非常香。玩的时候就好好玩，和朋友一起去唱歌，人家都唱得很高兴，你却坐在那里考虑着明天的工作，结果是工作没想明白，玩也没玩好。如果工作真的放不下，今天晚上就先别出来唱歌，专注地工作，等明天把工作完成了，再好好唱一晚上，这样不好吗？

专注不仅可以提高幸福指数，还能够提高效率、提升品质。关于效率，很简单，比如，专注地读书，和你心里一边想着其他的事情一边读书速度能一样吗？关于品质，专注之后一切都会不一样。就拿泡茶来说，茶还是这个茶，水还是这个水，泡的时候专注不专注，导致味道不一样，泡出来的茶品质也不一样。俗话说，世间事最怕认真二字，说的就是专注，只要专注，世间无难事。

怎样修"正心"呢？修"正心"，首先是修控制情绪。对心态影响最明显，在生活中最常出现的情绪是怒，所以儒家非常强调克制自己的怒气。儒家讲止怒，也有人叫制怒，就是控制怒气、止住怒气。止怒、制怒是修"正心"的重要环节。

在我看来，不管是面临恐惧、好乐，还是面临怒气等，怎么修"止怒"？归根结底一句话，就是自己劝自己、自己提醒自己。每当这种时候，告诉自己一句话："此时正是修行时。"比如说，发生交通事故了，对方胡搅蛮缠、无理取闹，使你的心里渐渐地生出怒气，这时候就应该提醒自己："此时正是修行时。"这才是对自己修行的考验，能经受住考验，说明你的修行进步了，否则就是你没修到位！想办法劝解自己，化解掉怒气，这就是修行。儒家要在世俗里取得成功，所以儒家的修行就是在日常生活中体现的。

其次是修专注。想做事专注，最好的办法是一心不二用。一件事做完再做另一件事，按部就班一件一件往下做，不要几件事一齐做、齐头并进，那就无法专注了。曾国藩给自己规定的修行十二日课中，有一项是"读书不二"，就是一本书没有读完之前，不开始看另一本书，实际上这就是他修专注的方法。

从这个角度你会理解，儒家的"正心"，不仅是一种修养方法，也是处理问题的方法，或者说，作为大人物、作为领导者，应该怎样处理问题、解决问题。

说点儿题外话，我个人觉得，儒家的"正心"和佛教禅宗的修行是有相通之处的。学者们都承认，宋明理学受禅宗影响、受佛教影响，但可能我们忽视了另一个方面，佛教在传入中国之后，也曾受到儒学的深刻影响。这是我要强调的。

宋明理学家讲"明明德"，学界一般认为，这是受到佛教明心见性思想的影响，但是，最早将佛经翻译成汉语的时候，是将梵文的什么字译成了"心"、什么字译成了"性"呢？《大学》有"正心"，《中庸》讲"率性"，"心"和"性"都是儒家的概念，佛经翻译的时候为什么要译为心、译为性，而没有译成别的概念？我认为，这就是佛教传入中国之后受儒学影响的具体体现。可以说，佛教与儒家长期相互交融，最后的结果是我们也说不清楚到底是谁影响谁多一些。

所谓中国式佛教，即汉传佛教，其思想体系里有一些内容应该是出自儒家。所以，《大学》讲的"正心"和禅宗有相通之处，我觉得，不能说《大学》受佛教影响，因为《大学》成书的时候佛教还没有进入中国。可能恰恰相反，这是佛教受儒家思想影响的一个体现。

从汉武帝"罢黜百家，独尊儒术"开始，中国人就受到儒学的深刻影响，儒家强调的入世精神成为中国人的民族精神。印度佛教完全是出世的，和中国文化的差异比较大，为了和中国文化对接，佛教在传入中国之后发生了巨大的变化，入世性越来越强，它那种追求成佛、追求涅槃的愿景越来越淡化，追求在今世过得洒脱这一点越来越凸显。汉传佛教连愿景都发生了变化，和印度佛教差异越来越大，这就是受中国人的入世精神影响的结果。

隋代的王通开始提出"三教合一"的理念，我觉得是非常有道理的。儒、释、道三家，最开始是完全独立的思想体系，但是在流传的过程中，彼此相互影响，相似性越来越大，这是毫无疑问的。

影响"正心"的因素除了情绪之外，还有一点曾子没有明说，就是"欲"，即欲望、利益。实际上，欲望是产生情绪的根源。你为什么生气？因为你的欲望没有得到满足，或者是他人的所作所为损害了你的利益。你为什么高兴？因为你的欲望得到了满足，你的利益得到了保证。总体来讲，"情""欲"是两个影响我们天生美德的最主要因素，这是通过曾子的解释让我们感悟到的。所以，"正心"还要"寡欲"，这也是"礼义廉耻"中的"廉"。

将"廉"理解为廉洁是片面的，那就成为官员的操守，与百姓、普通人无关了。我们每一个人，在修身的过程中，在物质方面的追求不要过分，就是"廉"。

"正心"就要"寡欲"，"欲不可纵"，不可以放纵自己的欲望。儒家认为，欲望是与生俱来的，是无法完全消除的，因此儒家不讲灭欲，而讲寡欲，就是减少欲望、降低欲望，将对物质生活的需要控制在一个较低的水平上。这也是儒家和佛、道不一样的地方。

这里我还想简单地说一点，曾子讲"所谓修身在正其心者"，紧接着却是"身有所忿懥则不得其正"，前面说的是"正心"，后面一句从"不得其正"来看，说的也是"正心"，可是后面一句的主语却是"身"，而不是"心"。我们仔细揣摩，曾子的意思应该是"身有所忿懥"，则心"不得其正"，愤怒来自于"身"，就是我们的肉体，而不是来自"心"，也就是说，心与肉体不是一回事，但是，源自肉身的愤怒却可以影响到心。那么我们想一想，这个受身体影响却又不是身体的"心"又是什么？

从这个角度理解，"情""欲"皆出自肉体，一切私欲皆与我们的肉体有关，而与"心"无关；"心"与我们先天的善良本性有关，"仁、义、礼、智"这些先天的美好素质都是在我们的"心"里，而与我们的肉身无关。如果从这个角度理解，什么是"正心"呢？恐怕已经包含着超出肉体以外的内容了。由于按这个思路讨论下去过于抽象，实际意义也不大，我们就不展开了。

放纵欲望会导致"心为物役"。无限追求大房子，耗尽毕生的心血精力只为了换更大的房子。房子成为思考问题的出发点，你的心就被房子奴役了，最后反观自己的一生，你会发现你不是为自己活着，而是为房子活着，这就是典型的房奴了。我认为，贷款买房不是真正的房奴，贷款买房如果是为了满足最基本的生活需求，就不是房奴；放纵自己的欲望导致心被房子奴役，心得不到解脱，这才是真正的房奴。

寡欲，就是把对物质的需求限制在一定的范围之内。如果放纵欲望，对物质的追求无度，心就会完全被这些物质的东西所奴役，先天的美好素质就会受到欲望的蒙蔽，"明德"就被压制了。

要从"格物致知"入手，了解自己的真正需求，才能做到寡欲，才能把自己不需要的东西放到视野之外。东西确实便宜，如果没有用就不要买，能做到这一点，在别人眼里你就是寡欲的。实际上，寡欲并没有影响到我们的生活质量，甚至可能会提高我们的生活质量，这是寡欲的真正作用。

《论语》中记载了很多孔子的生活习惯。孔子对于生活的基本需求是非常讲究的，"食不厌精，脍不厌细"。吃是人最基本的需求之一，所以从儒家的角度来说，没必要把这个需求降低，但在吃的方面，奢侈、浪费、排场、豪华就是纵欲了。每顿饭不消费八万块钱就心里难受，这不是为了满足基本的生活需要，而是追求奢侈和排场了。你如果喜欢龙虾、鲍鱼，那你就吃，没有问题，只要不浪费就好。但如果你并不喜欢吃，但到饭店一定要点这道菜，否则就觉得不够排场，那就是奢侈，就不应该了。

现在很多大学教授都买车，我们学校里有一个和我关系好的教授就不买，我问他为什么不买，他说不知道有什么用。他家就住在校园外面，从他家步行到教室只需十分钟，他平常又不喜欢出门，车对于他来说真的没什么用，所以他不买。这就是"格物"，他就是真的想明白了，我们需要学习的正是这一点。不要追求自己不需要的，这就是寡欲。

为什么很多人在追求自己并不需要的东西？因为攀比心。大家都买车了，我不能比人家差啊，所以我也得买，并不考虑自己需不需要。实际上，每个人都希望获得大家的尊重，都怕被他人看不起，这才是攀比心产生的根源。但问题是，一定要靠物质方面胜过别人而获得大家的尊重吗？这是唯一的方法吗？如果我们换个角度思考，在物质方面胜过他人，就一定会得到大家的尊重吗？不是有那么一句讽刺人的话吗，说某某人穷得就剩下钱了。什么意思？他的身上没有任何能使他得到大家尊敬的素质，为了让大家高看他一眼，除了拿钱砸，没有别的办法。

说起来我觉得悲哀，近几年好像中国人在国外获得了越来越多的尊重，各大奢侈品店都有会说汉语的店员了，可是，那是真正的尊重吗？不过是中国的土豪们用钱砸出来的谄媚。

如果你理解了，靠钱、靠物质的东西换不来真正的尊重，你就会发现，在物质方面与人攀比实在是没有任何意义的事情，不过是增加自己的心理负担、降低自己的幸福指数。去掉攀比心，自然就容易寡欲了。去掉攀比心，在物质方面就会从需不需要出发，对物质的态度就会理性起来，外在的物质的东西就控制不了你了，你的心就从欲望的束缚中解脱出来了。

寡欲，还有另一个方面的内涵，就是不要想把握住人生的一切。人生的事情，越想把握就越把握不住，凡事看得淡一些，反而可能把握住。比如说，今天从早到晚有几个应酬，张总岳母去世了，早上要去送葬；中午李总请客；晚上王总儿子结婚。你都想去，想让张总、李总、王总都领你的情，都说你好。最后的结果是你把自己弄得很忙、很累不说，到哪里都要赶场子和人家说抱歉，你是场场不落地都赶到了，可是这边道歉要早走，那边又得抱歉要晚到，如此表现，仔细想想，人家真的会领你的情吗？想想别人对你是什么印象吧，恐怕张总、李总、王总的想法都是："只是来我这里点个卯就急着走，我家就缺你那点儿礼金吗？"都想把握住、都不想得罪，结果就是都把握不住。别把自己看得那么重要，以为人家都盼着你到场，实际上你不一定都要去，选择哪个去哪个不去，去就不急着走，做到位，也许这样效果更好，才真的把握住了自己的人脉。说得直白些，你只有这么多的时间精力，把握住几个最重要的就可以了。

有人会问，我应该把握住哪个呢？"格物"啊，了解自己、了解他人、了解你们之间的关系，把这些想明白，根据关系远近，自然就知道哪家必须去、哪家可以不去了。

大家总在忙，忙在哪儿？多欲，什么都想抓住。但是，如果把你每天忙的事情列个表，自己斟酌斟酌，看看哪些事情可以不去做，然后就会发现，竟然是不必做的事情居多。

《格言联璧》上有段话，说得非常好：

> 人之心胸，多欲则窄，寡欲则宽；人之心境，多欲则忙，寡欲则闲；人之心术，多欲则险，寡欲则平；人之心事，多欲则忧，寡欲则乐；人之心气，多欲则馁，寡欲则刚。

怎样能使自己心胸宽、心境闲、心术平、心事乐、心气刚？一句话：寡欲。

"正心"，就是要排除"情"和"欲"对心的干扰。对我们先天的美好素质的最大遮蔽就是"情"和"欲"，如果能够控制好"情"和"欲"，先天的美好素质就能重放光明，这就是"明明德"了。

老子说："为学日益，为道日损。"学习要追求每天增加，每天都学到新的知识，但是修道，要追求每天减少。减少什么？就是减少遮蔽人先天美好本性的东西，减少欲望。

禅宗神秀有一首著名的偈：

> 身似菩提树，心如明镜台。
> 时时勤拂拭，莫使惹尘埃。

我们都知道，神秀的这首偈被六祖慧能的另一首偈比下去了，所以五祖传法给六祖慧能。慧能的偈是：

> 菩提本无树，明镜亦非台。
> 本来无一物，何处惹尘埃。

从禅宗的角度来看，从佛教的角度来看，慧能的偈比神秀的偈境界高。但是，王阳明评价，慧能的偈虽然好，但是从修行的角度说，却使人没有下手处。都"无一物"了，那我们还怎么修行？王阳明更欣赏神秀的偈，因为神秀的偈更符合儒家对修"正心"的理解。

神秀的偈将心比喻为镜子，修行就是时时擦拭心这面镜子，不要让它上面落满尘埃。镜子是明亮的，好比我们先天的美好本性，就是"明德"；尘埃会使镜子失去本来的光明，好比我们后天的习染，是"情""欲"等遮蔽了我们美好本性的东西。一旦镜子上落满灰尘，就什么也照不出来了，从镜子里看什么都看不清楚了，就像先天智慧受到蒙蔽之后，我们看问题就看不清楚、看不明白了。通过修行，擦去镜子上的尘埃，去掉对我们先天智慧的蒙蔽，就像镜子重放光明、照什么都清清楚楚一样，唤醒了先天智慧，无论看什么问题都清清楚楚、明明白白了。这就是"明明德"啊！

从上面的两个例子我们可以看到，佛教、道家的思想中都包含着修"正心"的内容。可以说，"正心"的修养不是儒家独有的，是儒、释、道三家相通的。可见其重要。

王阳明之所以欣赏神秀的偈，是因为这首偈还与修心的另一方面有关，就是专注。修心，就是要使我们的心像镜子一样。镜子的特点是，谁来照镜子的时候，镜子中就有谁，照的人走了，镜子里就什么都没有了。正因如此，镜子才能把它面对的每个人都照得清清楚楚。如果张三来照一下，镜子里有张三，张三照完走了，镜子里还有张三，李四再来照时，镜子里就是张三和李四的重影，这样照几个人之后，镜子就反映不出它面对的人的真实相貌了。

将心比喻为镜子，所以我们应该像镜子一样，心里面只装着当下你面对的人和事，这就是专注。这样你才能将人和事看得清清楚楚、明明白白。如果每件事情过去之后，都在你的心里面留下它的影子，那么你的心就因为存在着种种重影，再面对人和事的时候，就看不清楚、看不明白了。

佛家讲的"放下"，意义就在这里，事情过去之后，就不要再让它干扰我们的心了。佛教里另有一个与此相关的比喻，"雁过无痕"，当天上有大雁飞过的时候，天空中有着大雁的身影，当大雁飞过之后呢，天上还有大雁的影子吗？天空中什么都没有了。佛家讲"活在当下"，也是不要让已经过去的事和还没有发生的事影响我们当下的这颗心，都是为了保持心这面镜子的空明，这样才能清楚地照见。

儒家的修"正心"也是要追求这种效果。《格言联璧》上说："过去事，丢得一节是一节；现在事，了得一节是一节；未来事，省得一节是一节。"意思是一样的。修"正心"，就是专注于"现在事"，目前正在处理的事，对这些事，不要讲喜不喜欢，只是问应不应该，如果这件事应该去做，不论自己喜不喜欢，都要专心去做，追求一个字"了"，就是完成、成就；对于过去的事呢，也是一个字"丢"，就是抛开、扔掉，不再去想，因为再怎么想也是既成事实了；对于未来的事是"省"，就是减少，能不想的尽量不去想，事情毕竟还没有成为现实，等事情发生时再考虑也来得及。如果脑子里总是在想着这样的事情，就是杞人忧天。有一句流行歌词我非常喜欢："明日的酒杯莫要再装着昨天的伤悲。"

我们的先天智慧为什么受到蒙蔽？我们的心这面镜子为什么不再明亮？因为我们让心承载了过去、现在和未来太多太多的事情，这些事情以及相关的"情"和"欲"重叠在一起，心这面镜子就会一片模糊，无论再面对什么也照不清楚了，所以我们面对事情的时候，心就想不明白了。带着这样一颗心，怎么可能认识自我、认识他人、认识人性、认识人类社会的本质呢？儒家修身的第一步"格物"，当然就做不到了。

想要格物致知，先要正心，修"正心"要追求物来则应、事过不留，就像佛教讲的"放下"。但不是把人生的追求放下，而是把过去放下。有这样的心，看问题才能客观、正确。如果你心里还重叠着几个前女友，抱着这样的心态看妻子，还能对妻子有客观、正确的评价吗？那日子还能过明白吗？

你和妻子吵架的时候，心里面想的全是对方的缺点吧？这就是心"不正"了。修"正心"，就是在生气的时候也要提醒自己：她不是有很多好的方面吗？否则你为什么要和她结婚？每天给自己一个硬性的任务——发现妻子身上的一个优点。既然离不了，凑合过吧，凑合也是过，为什么不能调整一下心态，愉快地过呢？

"正心"是非常重要的，因为"正心"才能安心。俗话说得好，心安理得。心安才能认识到真理。一旦情绪上来了，心不安、不定了，为七情六欲所左右了，看问题就不准确了，在这种情况下做任何决策都是错误的。

心正还有一项好处，是否心安成为判断事情对错的一项标准。当一件事拿不定主意，不知道怎么处理的时候，就想想这样处理你能不能心安。如果心不安，恐怕这种处理方法就存在问题。这时也要想着"诚意"，不要欺骗自己，不要去找各种理由试图说服自己，以便使自己心安，而是应该对这件事情本身进行反思，发现心不安的根源，这样才能使你避免误入歧途和陷入困境。

孔子曾用这一标准启发他的学生宰我。宰我认为，儒家提倡的"三年之丧"时间太长了，为去世的父母守孝一年就已经足够了。孔子没有与宰我辩论，而是问他："食夫稻，衣夫锦，于汝安乎？"宰我回答说："安。"孔子说："汝安则为之。"孔子的意思是，如果你这样做感觉心安，你就这样做吧。显然，在孔子那里，心是否安，是判断对错的一项标准。

但是，要想把心是否安作为判断对错的标准，前提条件是你的心得正，要先修"正心"。如果你心不正，那这个判断的标准就是错的了。

修"正心"还可以使我们在一定程度上具有对未来的感知。很多人都有这样的疑问：为什么人对未来的感知还不如动物呢？地震之前，老鼠会成群结队地搬家。老鼠这种低级动物都有对未来的感知，作为万物之灵的人为什么反而没有？

按儒家的看法，实际上人先天是具有对未来的感知能力的。孟子认为，"仁、义、礼、智"都是人先天具有的素质，而"智"就含有对未来的感知，只不过我们这种先天的能力被后天的习染给蒙蔽了。

是什么蒙蔽了我们先天具有的智慧和对未来的感知能力？主要是三个方面：第一个方面，理性的教育压制先天的感知能力；第二个就是心不正，心为物役，心被七情六欲所干扰；第三个是没有做到"诚"，我们自己欺骗自己，不愿意相信对未来的不好的感知。就是这三个方面蒙蔽了我们先天具有的对未来的感知能力。通过修心，去掉后天的蒙蔽，唤醒先天的智慧，我们就能够在一定程度上具有对未来的感知。

当然，这种看法已经有一点神秘主义的色彩了，我们就不多说了。

总结一下，结合古人的说法，我们可以将"正心"的修炼分为三步：第一步正心，第二步安心，第三步不动心。这可以称之为"正心三部曲"。

第一步是正心，核心在"欲不可纵"，要注意"廉"，要寡欲。善恶、是非是人的天生本性，人不明白善恶、是非，是由于后天的蒙蔽。降低欲望，先天的是非观、善恶观自然就体现出来了。只要能够对欲望加以适当控制，是非、善恶之心自然浮现，对事情的认识和判断自然是对的。这一步相对容易做到。

第二步是安心，让心安下来，要从生活当中的点点滴滴去练。我们每天都要面对无数的事情，当你处理这些事情的时候，要时时刻刻提醒自己保持心境的喜乐平和，坚持一段时间之后，习惯成自然，就能做到安心了。但要持之以恒地修，不能一曝十寒。通过修炼达到心安，让自己的心随时处于喜乐平和的状态，对所有事物自然能正确地把握和决策。这一步就较难了。

第三步是不动心，心不为外在诱惑所动。不动心才能不上当，上当受骗基本都是因为心动。股票涨了，心动了，砸进去了，套牢了。俗话说得好："心活就上当，面矮便吃亏。"

不动心不是没有追求，而是在正心、安心的状态下做出决策。安心的关键在于不违心、不亏心、问心无愧。首先不要违背你的心，就是《中庸》上说的"率性之谓道"，就是《大学》上说的"毋自欺也"。人生的一切都是内心真实冲动的外在表现，不违背自己真心的愿望。

不违心是对得起自己，不亏心是对得起别人。做到不违心、不亏心，才能有后面的问心无愧。所以才有那句名言："岂能尽如人意？但求无愧我心。"人生一辈子哪能让所有人对你都满意？那是做不到的！但我追求的是无愧我心。不管你对我满不满意，我和你交往以来所做的一切我都问心无愧。

人生怎样才能做到无愧我心？用当下的话来总结，第一句话是，不要让爱你的人伤心。这个人恨我恨得咬牙切齿我还管他吗？还考虑他的感受吗？但是，别让爱你的人伤心。儒家为什么强调"孝"？因为最爱你的人就是你的父母，所以不要让父母伤心。第二句是，不要让信任你的人失望。我觉得，一个人能够切实地做到这两句话，不要让爱你的人伤心，不要让信任你的人失望，他的修养就已经非常高了。

"正心"还容易被傲慢干扰。怎么打消傲慢？修"敬"。

儒家另一部经典《周易》上讲"敬慎不败"，做到敬、做到慎，就能使人生立于不败之地。怎样做到"敬"？《论语》里记载了孔子教的一种方法："出门如见大宾。"相当简单、直白，就是每当你走出家门的时候，就像要去会见最重要的宾客那样，拿出那种状态和心态来。这是儒家修"敬"的方法。

大家想象一下，如果国家领导人接见你，你会是什么状态？八点半接见，你不可能八点才起来吧，怎么也要梳洗打扮一下吧，着装也不可能太随便吧，见面怎么对话、都说些什么，等等，都得好好想想吧。如果你每天只要从家里走出来，就保持这样的状态，你就做到了"敬"，就能"敬慎不败"。

说容易也容易，说难也难啊，一天两天做到容易，持之以恒难啊！儒家的修行方式都是这样，很简单易行，但难在持久。实际上，坚持养成习惯的过程是最难的，养成习惯之后，习惯成自然了，就不难了。

大家可以想象一下，如果你在公司每天都能拿出受国家领导人接见的那种状态去处理每一件事情，接待每一个客户，你的生意还会失败吗？儒家这种入世的修行，都是在日常生活的点点滴滴里，按照孔子说的"出门如见大宾"这六个字去做，这样就能达到"敬慎不败"。

孔子说的"出门如见大宾"，后面还有一句"使民如承大祭"。祭祀在古代是很重要的事情，环节很多、很复杂，今天没有国家祭祀这个事情了，我们做一个不是很恰当的类比，比方说，奥运会开幕式的总指挥是你，把这么一个重大的仪式交给你负责，你需要拿出一种什么样的状态？一个领导者，如果能够一直拿出这样的状态来领导你的团队，就肯定能做到"敬慎不败"。

关于"正心"，王阳明也做出过更为深邃的理解。《传习录》一书记载着王阳明与其弟子萧惠的一番谈话：

> 汝今终日向外驰求，为名、为利，这都是为着躯壳外面的物事。汝若为着耳、目、口、鼻、四肢，要非礼勿视、听、言、动时，岂是汝之耳、目、口、鼻、四肢自能勿视、听、言、动？须由汝心。这视、听、言、动皆是汝心。……所谓汝心，亦不专是那一团血肉。若是那一团血肉，如今已死的人，那一团血肉还在，缘何不能视、听、言、动？所谓汝心，却是那能视、听、言、动的，这个便是性，便是天理。有这个性，才能生这性之生理，便谓之仁。这性之生理，发在目便会视，发在耳便会听，发在口便会言，发在四肢便会动，都只是那天理发生，以其主宰一身，故谓之心。这心之本体，原只是个天理，原无非礼。这个便是汝之真己，这个真己是躯壳的主宰。若无真己，便无躯壳。真是有之即生，无之即死。

王阳明说得很清楚，"心"不是指"那一团血肉"，不是指心脏，而是指那个使我们能够看、能够听、能够说、能够行动的东西，王阳明说这就是"性"、就是"天理"。实际上从其对"心"的描述来看，很像我们当下的另一个概念——灵魂。如果我们将王阳明说的"心"理解为灵魂，那么，《大学》的"正心"，应该理解为端正我们的灵魂，修正我们的灵魂，提升我们的灵魂。如果按王阳明说的，认为"心"就是性，就是老天赋予人的本性，那么，"正心"应该理解为摆正我们的先天本性，给予我们的本性应有的位置。但是，按照这个思路分析下去，就演变为复杂的哲学思辨了。我不想把这个问题弄得那么复杂，所以，关于"正心"，我们就说这么多吧。什么是"心"？我们就理解为思想、想法和心态吧，"正心"，就是端正你的思想、想法和心态。

"正心"，端正思想；"诚意"，使出发点真诚无伪。出发点能够真诚无伪，才有可能实现"正心"，思想才是端正的，如果出发点就已经偏了，"正心"也绝对做不到。但反过来，只有端正了想法，才有可能完全做到"诚意"。如果思想里还有邪念、恶念，也不可能完全做到"诚意"。

对于"诚意"与"格物致知"的关系，王阳明还有另一种说法，就是"诚意正心"应该放在"格物致知"的前面，如果没有"诚意正心"，去"格物"，最后容易变成小人，所谓"小人穷斯滥矣"，那就下流了。堂堂正正地做人，才能真正格物致知。正是因为这个原因，王阳明认为古本《大学》的次序没有错，就是应该把对"诚意正心"的解释放在"格物致知"前面，这样才能突出"诚"的重要性。

我这里是按朱熹《四书集注》本的《大学》的行文次序来讲的，但书后附有古本《大学》，大家可以参考、对照，看看两种版本的区别在哪里。

"诚意"与"正心"是相辅相成的，就像"格物"与"致知"是相辅相成的一样。不"格物"就做不到"致知"，如果不能对人性有充分的了解，就不可能真正了解人类社会。反过来，如果不能真正了解人类社会，对人性的把握恐怕也是有问题的，是虚无缥缈的。"格物""致知"是有逻辑关系的，"诚意""正心"也是一样。出发点如果不能做到"诚"，不能无伪，那么要端正思想也很难；如果不能真正端正思想，想做到

"诚意"也很难。

所以我认为，《大学》"八目"的前四目，具体地说可以分成四个，笼统地说就是两个，"格物致知"是一个，"诚意正心"是一个。如果细分，"格物"与"致知"、"诚意"与"正心"都有细微的区别；如果粗略地认识，"诚意"和"正心"差不多，"格物"和"致知"也差不多。

笼统地说，这四目是修行上的两大步。第一大步，从了解人性、分析人性入手，最后要达到对人类社会有真正的了解。第二大步，从端正自己的意念、出发点入手，最后要使自己的想法全部都是正确的，使自己做事的态度专注。这两大步结合到一起，就是"八目"的第五目"修身"，这也就是儒家的修行方式了。

能做到前四目，修身就已经相当有成效了。后面三目"齐家、治国、平天下"就差不多能实现了。

"格物致知"是基础，能对人性和人类社会有深刻的把握和了解，再有正确的出发点、正确的想法，然后去实践，做事还能有偏差吗？基本上就会走向成功了。"格物致知"是基础，"诚意正心"是态度，以这种知识基础、知识储备，加上这种态度，把这两个方面结合起来去做事、去入世，就能走向成功。儒家的修身能使我们在现实生活中走向成功，其原理就在这儿。

第六讲　八目之修身

　　对于"八目"的第五目"修身"，《大学》里没有展开论述，曾子没有给予具体的阐释。这不是因为"修身"这一目不重要，而是恰恰相反，"修身"是《大学》的核心，所以后面才强调"自天子以至于庶人，壹是皆以修身为本"。没有阐释，是因为前四目就是对修身的具体展开，修身就是格物、致知、诚意、正心，这就是儒家的修身方法。而后面的三目"齐家、治国、平天下"，是修身的效果，或者说，是修身在实践中的具体应用。"八目"就是围绕着"修身"展开的。

　　我们也可以把"格物""致知"理解为学习，将"诚意""正心"理解为修养，儒家的修身就是从学习和修养这两个层面入手的。而学习和修养的目的是"明明德"，以达到"亲民"；能做到"亲民"，就能实现齐家、治国、平天下。

　　今天很多人对儒家的误解之一，就是把修身当成了儒家修行的目的。实际上，修身是儒家的方法，儒家是要通过修身的方法达到齐家、治国、平天下的目的。儒家是入世的学说，不是为修身而修身，修身是为了达到改造社会、改变人生的目的。

　　《论语》里记载着《大学》的作者曾子的一段话：

　　　　曾子曰："吾日三省吾身，为人谋而不忠乎？与朋友交而不信乎？传不习乎？"

这是曾子的修身方法。他每天从三个方面进行自我反思：忠，尽心尽力，替人办事是不是尽心尽力了；信，言而有信，与朋友的交往是不是坚守诚信；学习，老师教的有没有都落实。我们注意到，曾子反思修养的内容多于反思学习的内容，曾子重点反思两方面——"忠"和"信"。

《论语》第一章也提到了儒家的修身方法：

> 弟子入则孝，出则悌，谨而信，泛爱众，而亲仁。行有余力，则以学文。

这说明早在先秦时期，儒家修养最重视的就是"孝、悌、谨、信、爱众、亲仁"，将这些都在实践中落实了，如果还有精力，才去"学文"，就是学习知识。儒家是把品性修养放在知识学习前面的，两者的重要性是不可同日而语的。

清朝人写了一本书《弟子规》，编排结构就是按照《论语》上面这段话来的。《弟子规》开篇第一句话是："弟子规，圣人训，首孝悌，次谨信，泛爱众，而亲仁，有余力，则学文。"这句话是总纲，就来自上面《论语》这句话。

在此基础上，古人提炼出了儒家修养最重要的八个字：孝、悌、忠、信、礼、义、廉、耻。修身，首先是在生活中落实这八个字。这些可以说都是修身的细节，而儒家修身最重视的则是正心、修心。

孟子说："学问之道无他，求其放心而已矣。"什么叫"放心"？就是放出去的心。把你放出去乱跑的心收回来放在肚子里，这叫"收放心"。我们现在不也常常这样说孩子吗："假期马上结束了，就要开学了，收收心吧。"为什么要收收心？当你的心在外面乱跑的时候，你是不会正确地思考和学习的，也就做什么事情都做不好。可是，我们现在会拿这话教育孩子，却没有反思过自己做没做到。孩子不收心，固然学习不会好，那么我们如果不收心，做企业、干事业就能做得好吗？

在孟子看来，所谓学问不是别的，就是学会怎样把放出去的心收回来。所以，《格言联璧》上有一句名言："收吾本心在腔子里，是圣贤第一等学问；尽吾本分在素位中，是圣贤第一等功夫。"能够把心收回来，心不逐物，心不跟着外在的事物跑，就是圣人、贤人第一等的修行功夫了。

如果你不去修心，心逐物，就不知道跑到哪里去了。心迷失了，多么可怕！心境彻底迷失，终生不悟，还想要开启智慧，怎么可能？

怎样求"放心"呢？要把心慢慢往回拉。一开始的时候，你越想拽回来它越往外跑，别着急，慢慢往回拉。先求静。"天地间真滋味，唯静者能尝得出。"静心，然后才能慢慢摆脱外物的干扰，达到正心、安心、不动心，然后你才能正确地思考。宋代以后，儒家著名学者大多提倡静坐修行，其目的首先就是静心。

坐的姿势是不必讲究的，关键是调心，使自己的心静下来。明末高攀龙对静坐法的论述最为具体：

> 静坐之法，不用一毫安排，只平平常常，默默静去，以平常二字不可容易看过，即性体也。
> 静中妄念，强除不得，真体既显，妄念自息；昏气亦强除不得，妄念既净，昏气自清。

最关键的是"平常"二字，"不用一毫安排"。你弄得极其隆重，搞得妻子孩子都不敢打扰，发大愿要静坐，反而静不下来了。高攀龙也告诉我们，刚开始静坐时容易出现的两个问题，一个他称之为"妄念"，就是胡思乱想；一个他称之为"昏气"，就是昏昏欲睡。

对于"妄念"，硬要把它压制下去是不行的，越克制反而越多，就是你在想"我不要有妄念"时这句话已经是一个妄念了，它使你不能真正静下心来。发现妄念的时候，不要硬性克制，也不用着急，就记着高攀龙说的"只平平常常"，本着一颗平常心去对待，时间长了，妄念自然就越来越少了，心的野性渐渐没了，你就可以把它收回来了。

有的人静坐倒是没有妄念，不会胡思乱想，但坐不了一会儿就要睡着了。这就是高攀龙说的"昏气"。这事儿也强除不得。高攀龙告诉我们，随着妄念渐渐消失，神清气明，自然就没有昏气了。妄念、昏气都没有了，头脑自然就清明了，智慧就来了，静心也就达到效果了。在此基础上去反思，就可以把人生的事情都想明白了。

清初著名儒家学者李二曲还提倡一种静坐法，称为心香三炷，就是每天早、午、晚静坐三次。第一次静坐，李二曲称为"昧爽香"。早晨起来的时候，刚刚睡醒，要静坐一会儿，以达到明心的作用，以便保持好的心态应对整个上午的事情。到中午时，因为已经忙了一个上午，难免纷繁杂乱，心容易流于逐物，情绪已经让各种事务弄得不稳定了，因此应该静坐一炷香的时间，这叫"中午香"。晚上应该静坐反思一天的所作所为，这叫"戌亥香"。李二曲提倡的这种方法，我认为在当下也是非常实用的，不仅能保持好的心态，也能保持旺盛的精力，提高工作效率。

"求放心"还能带给我们意外的惊喜，可以看作是"求放心"的副产品，就是能提高记忆力。《朱子语类》里记载：

> 昔陈烈先生苦无记性，一日读《孟子》"学问之道无

他，求其放心而已矣"，忽悟曰："我心不曾收得，如何记得书?"遂闭门静坐，不读书百余日，以收放心，却去读书，遂一览无遗。

陈烈是宋代儒家学者，是很受朱熹赏识的一个人。本来，陈烈的记性很不好，读书常常记不住，并为此而苦恼。有一天，他读到《孟子》关于"求放心"这句话时忽然想到：心都没有收回来，读书怎么可能记得住？于是他开始不读书了，连着静坐一百多天，把放出去的心找回来，之后再读书，便过目不忘了。陈烈为什么记忆力提高了？开智慧了。

清代大学者阎若璩小时候记性也不好，读书时把需要背的内容贴在桌子上，读一百多遍也记不住。在他十五岁的时候突然开悟，而后就过目不忘了。类似的例子还有一些。他们为什么能做到这一点？我认为，说来也简单，专注可以提高记忆力，修"正心"的内容之一就是要修专注啊。

通过静坐达到静心之后，使自己的心境处于喜乐平和的状态，然后开始反思。反思什么？主要是两个方面，一是反思一天的所作所为是否守住了道德，一是反思一天的为人处事是否都恰如其分，如果不是，则应反思自己当时受什么影响没有做到妥当，是受情的影响，还是受欲的影响？

在反思的时候，还应该守着一个"敬"字，就是要有敬畏心、恭敬心，要想着孔子说的"出门如见大宾，使民如承大祭"，自己是否做到了。

反思之后，最重要的是将反思所得在实践中落实，如果仅仅是想想而已，那是得不到切实的益处的。陆游《冬夜读书示子聿》诗中说："古人学问无遗力，少壮工夫老始成。纸上得来终觉浅，绝知此事要躬行。"要真正了解儒家思想发挥什么作用，要去修，要去练，要去做。

　　静坐也好，反思也好，最关键的是什么？是要做到"诚"。怎么做到"诚"？主要有三点。第一是要理解自己内心真实的想法，第二是不违背自己内心的想法，第三是要发挥人性之善，使自己的想法符合人性之善。前面两点就是"明明德"，就是《中庸》说的"率性之谓道"，符合自己本性的做法。最后一点，发挥人性之善，就是"止于至善"。

　　《大学》讲的是方法论，教你怎样做，而且告诉你做到之后能达到什么状态，这就是所谓的"修证"，境界要能被证明。有些事在我看来很荒唐，比如，电视里面做游戏的节目，参赛者大喊："我一定会成功的，耶！"结果往前一走，掉水里了。你前面喊那句话有什么意义？是不是就是给人表演个笑话？我们应该注意的不是喊"我能行"，而是琢磨我怎样能行，这才是关键。《大学》就是告诉我们一种修炼方法，要走向成功应该怎样一步一步地修炼。

　　在我看来，有些课程不能帮人，只能害人。有些培训课程只是在激励你，让你学完了之后相信自己一定能成功，但是怎么走向成功呢？却没有告诉你具体方法。这种课不仅帮不到人，甚至会害人。让学员自信心恶性膨胀，却又不具备相应的能力素质和相应的方法，把他激励起来了，他冲上去了，最有可能的结果是失败。

　　关于修行，我们再说点具体的。曾国藩年轻的时候给自己定下的十二课程，就是每天必做的十二件事情：

　　　　一、敬。整齐严肃，无时不惧。无事时心在腔子里，应事时专一不杂。清明在躬，如日之升。

　　　　二、静坐。每日不拘何时，静坐四刻，体验来复之仁心，正位凝命，如鼎之镇。

　　　　三、早起。黎明即起，醒后勿沾恋。

四、读书不二。一书未完，不看他书。东翻西阅，徒徇外为人。

五、读史。丙申购《廿三史》，大人曰："尔借钱买书，吾不惜极力为尔弥缝，尔能圈点一遍，则不负我矣。"嗣后每日圈点十叶，间断不孝。

六、谨言。刻刻留心，第一工夫。

七、养气。气藏丹田，无不可对人言之事。

八、保身。十月十二日奉大人手谕曰："节劳，节欲，节饮食。"时时当作养病。

九、日知所亡。每日读书记录心得语，有求深意是徇人。

十、月无忘所能。每月作诗文数首，以验积理之多寡，养气之盛否。不可一味耽著，最易溺心丧志。

十一、作字。饭后写字半时。凡笔墨应酬，当作自己课程。凡事不待明日，愈积愈难清。

十二、夜不出门。旷功疲神，切戒切戒。

其中有几条与我们讲的内容关系比较大，在今天我们仍旧可以照着做。

第一条，就是"敬慎不败"的"敬"，具体怎么做？曾国藩自己的解释是"整齐严肃，无时不惧"，就是时时怀有敬畏心、恭敬心；"无事时心在腔子里"，就是孟子说的"收放心"；"应事时专一不杂"，就是修"正心"中的专注。

第八条"谨言"，时时刻刻提醒自己谨言，如果不能做到，很容易走向两个不好的方向。第一个是虚言，也就是夸夸其谈。虚言本身不是缺德，但这样就把心带走了。每天都和朋友聊聊天，聊得云山雾罩，倒是不缺德，但容易使心逐物去了。另一个是褒贬人。该说的、不该说的都说，背后议论他人的是非，而且这种议论很少说人好话，一般讲的都是他人的缺点和毛病，这样最大的问题是容易导致心不正。这两种情况都对修心有危害。夸夸其谈使心不定，议论他人是非使心不正。修心三部曲的前两步"正心""安心"都做不到，第三步"不动心"就更不可能了。

修谨言，在曾国藩的日记里有多处体现，有的日记中反思今天和几个朋友在一起闲谈，自己话太多；有的日记中反思今天与朋友聊天，语多不诚；还有的反思今天与某人谈话，语多佞媚。

第十条"保身"。曾国藩的父亲曾告诫他："节劳、节欲、节饮食。"曾国藩在日记里提到，时时提醒自己注意这三点。

第十二条"夜不出门"，没有特殊情况晚饭后不再出门。曾国藩年轻时也是爱玩的人，和朋友喝茶聊天经常到后半夜。这一条在今天也是很有意义的，晚饭后的活动十之八九都是没有必要的，甚至是有损修养的。

我们引这几条可以看到曾国藩是怎样修身的，作为清朝汉人封侯第一人，他的十二课程里至少有这么多条和修心有关。

除反思之外，儒家修身的另一个重要内容是学习。我们一定要知道，学习与读书不是一回事，不要一提到学习马上就去找本书来看。

什么是学习应有的态度？

首先，《论语》第一句："学而时习之，不亦说乎。"学习并且时时应用，这是一件快乐的事情！学习，最重要的是在实践中加以应用，然后才能给我们带来应有的效果。这也是王阳明强调的"知行合一"。从这里我们也才能明确应该学些什么，要学那些能够在实践中用得上的。

第二，还是《论语》："有朋自远方来，不亦乐乎。"古书里"朋友"二字内涵是不同的,同门为朋,同志为友。有同门师兄弟自远方来看我,这是多么快乐的事情啊。为什么?可以互动,交流一下学习心得,多么快乐!学习需要交流,自己在家里闷头修,很容易出现偏差。

第三,"古之学者为己,今之学者为人",也出自《论语》。古代的学者,学是为了完善自我,今天的学者,是为了给别人讲才学。学习《大学》是为了给别人讲一讲,为了在人前炫耀一下,这叫"为人"。这种学习态度是要不得的。为什么学《大学》啊?为了完善自己,为了使自己活得明白,人生事业走向成功。

第四,也是学习应有的态度,即《中庸》中讲的"人一能之己百之,人十能之己千之"。别人学一遍学会了,我学不会,我来一百遍。别人十遍学会的,我来一千遍。我就不信我学不会!学习不要先给自己找借口,说自己笨,没有时间,等等,拿出这句话的劲头儿来,没有学不会的。

最后,学习的态度也见于《中庸》:"博学之,审问之,慎思之,明辨之,笃行之。"广泛地学习,谨慎地提问,慎重地思考,明智地分辨,努力地落实。

第七讲　八目之齐家、治国、平天下

讲到"八目"的后三目，我们首先要解释一下《大学》中"家""国""天下"这三个概念，其内涵与我们今天通常的理解是不一样的。

我们今天说的"家"这个概念是指家庭。从西方文化人类学来讲，家庭有不同类型。成员仅包括一对夫妻及其子女的家庭，被称为核心家庭；在一对夫妻及其子女之外，这个家还有其他人一起生活的，称为扩展家庭。比方说，还有爷爷奶奶一起生活，就叫作扩展家庭。扩展家庭还可以再细分为两种，横向扩展家庭和纵向扩展家庭。按辈分增加人数的叫纵向扩展家庭，如，一对夫妻及其子女，还有这对夫妻的上一辈，这叫纵向扩展家庭。不是两代人了，而是三代人、四代人一起生活。人数是在这一对夫妻及其子女之外，就在这两辈上增加的家庭就叫横向扩展家庭。比如说，一对夫妻及其子女，还有小姑子和他们一起生活，这就是横向扩展家庭。

我们今天说到"家"这个概念，通常是指核心家庭。但是在古代，最常见的是纵向扩展家庭，而且古代的扩展家庭比我们理解的扩展家庭还要大，兄弟不分家，只要老爷子还活着，都在一起生活。老人如果活得长久一点，可能儿子的儿子都结婚了，都在一起生活，讲究的是四世同堂，几十口人在一起生活。古人说的"家"，往往是指这样的纵向扩展家庭，这才是《大学》中"齐家"的"家"。

今天的家，核心家庭居多，实行计划生育之后，三口之家居多。这样的小家内部关系和谐相对是比较容易的，而古人齐家，是要把几十口人的大家庭内部关系理顺，这相对来说是比较难的。

大家庭内部人与人的关系类型要复杂得多。今天的小家，人与人之间的关系不外乎是夫妻关系、亲子关系两种，就是有两三个孩子的，也就是再加上一种兄弟姐妹关系。而古人的大家除了这些关系之外，还有妯娌关系、叔嫂关系、祖孙关系，叔叔大爷与侄男侄女的关系，甚至是叔祖与侄孙的关系，这就使协调人际关系的难度成倍增加。

大家庭内部事务的管理难度也要复杂得多。比如，最简单的也是最日常的一个活动——吃饭，谁来做饭在今天的小家里并不是一个大问题，实在不爱做，一家三口就去饭店吃，问题也就解决了。但对于古代大家庭来说，几十口人的吃饭问题可就是一件大事了，需要从管理的角度当作一件常规性工作来处理。古代大家庭的做饭问题，妯娌们要排好班，甚至家长还要提前定好菜谱，免得因每顿饭的工作量差异比较大，导致妯娌之间产生矛盾。

要把这样一个大家管明白，可不是件容易的事情，所以"齐家"才成为古人重点思考的问题。

在先秦时期，"家"这个概念还有另外一个内涵。《周易》："开国承家，小人勿用。"这里的"国""家"都是指什么？这一段卦辞是讲，打完仗论功行赏时，功劳大的，分给他一块地，让他建立诸侯国；功劳小的，也给他一块地，让他建立自己的采邑。这块地连同这片土地上的所有人民，就都由他统治、归他管理了。从本质上讲，国也好、家也好，都是大贵族的私人采邑，只不过规模和等级不同。"国"不仅规模远远大于"家"，而且拥有国的大贵族级别要高于拥有采邑的贵族。拥有国的大贵族可以在自己的国内划出一块地来，分给自己的亲信，作为他的采邑、他的家，也就是说，"国"里包含"家"。一般来说，有国的被称为诸侯，有家的就是卿、大夫。上面《周易》这句卦辞中的"家"，指的就是卿大夫的采邑。

从这个角度去理解，"家"实际上指的是一种地方单位，一种最小的地方单位，就是采邑。卿大夫"开国承家"的"家"，不仅包括他自己的亲属、他的大家庭，甚至包括他的整个宗族，还包括这一方土地上的所有人民。这是"家"的另一含义。

西周实行分封制度。简单地说，政治级别最高的是天子，相当于今天的国家最高领导，天子可以分封诸侯，就是划出一块土地来，连同这块土地上所有的农民都分给某一个人，让他建立诸侯国。诸侯在自己的国内可以再分封卿大夫，就是把他国内的土地划出一块来，给他的某位下属做采邑，这就是家。如果按照这种政治秩序排列的话，天子控制的地区称天下，诸侯控制的地区称国，卿大夫控制的地区称家。

这是先秦时期一种特殊的行政管理体制，理解了这一点，我们就能够明白，《大学》里面讲的"天下"其内涵相当于我们今天说的国家；《大学》里面讲的"国"不是指国家，而是一种地方行政单位，也许相当于我们今天的省；《大学》里面讲的"家"，可以指大家庭，但更可能是指卿大夫的采邑，也是一种地方行政单位，也许相当于我们今天的县。《大学》里讲齐家、治国、平天下，指的是把这三个行政单位都管理好。

《大学》是成为大人物的学问，就是成为领导者、成为领袖的成功之路。成为领袖之后，必然就是一个统治者和管理者，最小你可能是一个卿大夫，就要管理好你的家、你的采邑，这叫齐家；再高一级，可能是诸侯，就要把自己的国管理好，这叫治国。"平天下"指的是天子这个层面。

《大学》里的"家"到底指什么？我觉得可能两者兼而有之，既指采邑，也指卿大夫自身的大家庭、扩展家庭。从孔子到曾子，《大学》的两位作者都不是有自己采邑的人，所以，《大学》讲的"齐家"，首先是管理好自己的大家庭。当时每个人都生活在大家庭里，这么理解才更具有普遍意义。但我们也要注意到，曾子、孔子虽然本人没有采邑，但是《大学》是成为大人物的学问，是讲给统治者听的，虽然他本人没有采邑，但是他面对的听众是有的，给这样的弟子讲齐家的时候，"家"这个概念的内涵应该是两者兼而有之。所以我认为，"齐家"至少有两方面的内涵，一方面指管理大家庭，一方面指管理采邑。

从我们今天的角度看，两者不是一回事。按"齐家"的第一种含义理解，管理好大家庭，讲的是亲属关系，讲的是伦理。按"齐家"的另一种含义理解，管理好你所领导的基层单位，讲的是社会关系，讲的是行政。所以，"齐家"这个概念，按我们今天的理解，应该有双重内涵。但在当时可能是一回事，因为卿大夫的大家族是有采邑的。

先秦时期的"国"，与今天的"国家"也存在明显的差异。那个时候的诸侯国还没有今天一个省大。比较强大的诸侯国，像春秋五霸第一霸齐桓公的齐国，是当时非常强大的大国了，但还没有今天的山东省大。因为我们都知道，最起码今天的山东省境内在当时还有鲁国。周王朝刚刚建立的时候，实际控制区还不到今天中国的一半大，但境内存在一千多个诸侯国。显然，那些小的诸侯国还没有今天的一个县大。诸侯国多的地方，相当于今天一个县的范围，当时可能存在四五个诸侯国。所以，《大学》里讲的"治国"，不是我们今天说的管理国家，准确地说，是把你的管辖区治理好，还上升不到国家的层面。

《大学》里说的"天下"才相当于我们今天说的"国家"。"平天下"，才是我们今天说的治理好国家。而我们今天说"天下"这个概念，是指全世界、地球村了。

但是古人还有一种理念，即"普天之下，莫非王土；率土之滨，莫非王臣"。中国人最开始称天下，其实就是指一个国家，就是指中国。早期中国人始终不承认，在这个他们称为天下的国家之外还有其他国家。"普天之下，莫非王土"，就是整个已知世界都是中国的，先秦时期的人有这样的概念。

当然，因为特殊的地理原因，当时中国人的已知世界只有东亚，跨过大海，太平洋那边有什么，谁也不知道，西边隔着沙漠，中亚那边是什么状况也不知道。当时人所知道的天下，只有东亚这一片，和今天中国的面积也差不多。说"普天之下，莫非王土"，实际上的意思是，我们知道的地方都是中国的。所以，《大学》里说的"天下"，从这个角度来讲，理解为全世界也对，就是指当时人的已知世界。

如果把"天下"理解为世界，那处于其下的国，自然也可以理解为国家，这是另一层含义。所以，按照今天我们对这几个字的理解，把"家"理解为家庭，把"国"理解为国家，把"天下"理解为世界，也不能说错。

上面解释了一下《大学》中的"家""国""天下"三个概念，我也是想以此为例子说明另外一个问题，就是学习、理解是有不同层次、不同次第的。

读《大学》，就按字面意思理解，认为"家"是家庭、

"国"是国家、"天下"是世界，也不能说是错的，但这样理解古书，学习和理解是处在相当浅层的、低层次的。能理解到先秦时期的"家"，既指扩展大家庭，又指卿大夫的采邑；"国"指诸侯国，"天下"才指中国，而不是仅仅按照今天家、国、天下的内涵去理解《大学》的这句话，对《大学》的理解、对知识的理解就深入了一层，这是学习和理解的第二个层次。在这个基础上，如果能认识到，古人有"普天之下，莫非王土"的概念，把所有已知世界都认为是中国的，所以天下和中国也基本可以画等号，"天下"可以理解为中国，"国"可以理解为国家。如果理解到这个层面，才又深入了一步。这是学习和理解的第三个层次。

表面上看，第三个层次的理解和第一个层次的理解结论是一样的。但是，如果不经过第二层次的锤炼，你的理解就是表层的、非常肤浅。必须通过第二层次的理解，再进入第三层次。虽然从结论上看，好像是一个理解上的回归，但这种理解才是真正到位的。

我认为，不仅仅是学国学，无论学什么，只要是学知识，都存在同样的问题。首先了解的是表面，在这个基础上深入一步，看到与表面不一样的东西，这时你的理解就进入到另一个层面，深入了。当你再往下深入一层的时候会发现，和表面的那个理解有相似之处，但这时你的理解已经升华了。

我们学习国学，要真正做到学通、学透，并且学以致用，就应该经历这三个层次的理解。首先是表面的理解，按字面先弄明白是什么意思；其次是一个深层次的理解，要把古人的话放到当时的历史环境里去理解，你的理解才能是准确的；在这个基础上，再去理解古人的话对我们有什么指导意义，这样才能准确。

其实，第三个层面就是所谓的返璞归真。任何知识和技能的学习，都可以至少分三个层次。第三个层次和第一个层次，最深的和最浅的，是有相似之处的。如果是这样，说明你的路子走对了；如果两者没有相似之处，说明你的路子走错了，你理解的那个不是真正的第三层次。

宋代禅宗大师青原行思提出参禅的三重境界：参禅之初，看山是山，看水是水；禅有悟时，看山不是山，看水不是水；禅中彻悟，看山还是山，看水还是水。不仅参禅要经历这三个层次、三重境界，任何的学习、思考都是要经历这三个层次、三重境界的。我觉得这是一个普遍规律。

学习和修养有这么一个逐渐深入的次第，检验你是否进入第三个次第，第一是看你有没有经历过第二个次第，第二是你的第三个次第和第一个次第有没有相似度。能进入第三个层次，不管是学习还是修养，都进入了比较高的境界。

修身的目的是齐家、治国、平天下。如果我们从政治的角度来讲，就是你有能力做基层干部，然后有能力做高层干部，最后有能力做最高领导。《大学》讲的是大人之学，是成为大人物的成功之学。成为大人物，就不能永远在乡长和大队书记这个层面上，得一步步往上升。所以，先得能“齐家”，能做好基层领导，在这个岗位上能胜任，将你提拔上去你也能胜任，最后才能一直升上去，成为大人物。

“齐家、治国、平天下”，这是修身要做到的三个层面。但是，修身就能达到“齐家、治国、平天下”吗？现在有些人觉得儒家的学说空泛，原因就在这里。修身之后能感化几个人？要说感化家里人，尤其是现在的小家，这个应该可以做到，就是可以通过修身实现“齐家”。可是，县长修身修好了，就能感化全县的人吗？就能把县治理好吗？全县能见得着他的有几个人？皇帝呢？能见到的又有几个人？皇帝修身修好了就能感化全天下，把全国治理好吗？因为存在这种对儒家学说的质疑，后代才认为儒家只是空泛的道德说教，不具备实际指导意义。但是，这种质疑恐怕源于对《大学》和儒家思想的错误理解。

我们前面讲过，修身是什么？该怎么修？儒家的修身就是格物、致知、诚意、正心。"格物致知"是通过对人的反思、对人性的反思、对人类社会的反思，获得关于人和社会的真正知识，有真知灼见，能把握人性，把握人类社会的发展规律。"诚意正心"是端正内心，端正出发点，将思想摆正。做到"诚意正心"，然后才能做到"静而后能安，安而后能虑"，才能有正确的思考问题的方法，对人生的事情才能想明白、做明白。这是修身。

儒家要通过修身达到齐家、治国、平天下，要修的是两点。第一点是格物致知，对社会规律有准确的把握。也就是要修把握客观环境、客观规律的能力。第二点是诚意正心，是要有正确的方法、正确的思想。"格物致知，诚意正心"，修这八个字，实际是要解决两个方面的问题，一个是外在的，一个是内在的。对外如果能够做到格物致知，就能够把握周边的环境，对你所从事的职业的发展规律有清醒的认识，对社会大的走势有清醒的认识；对内如果能够做到诚意正心，就能够有正确的思考问题的方法，不管遇到什么疑难问题，都能想明白，并且找到解决问题的妥当方法，人生就没有困惑了。修这两个方面的能力，才是真正的修身。

如果你真的这样修了，具备了这两个方面的能力，是"齐家"做不到？还是"治国"做不到？还是"平天下"做不到？换句话说，不管你在哪一个领导岗位上，应该能够做到的不外乎就是这两个方面而已。第一，充分认识、正确把握你周边的环境，和你所面对的环境因素；第二，对遇到的所有问题都能想明白，找到解决问题的最佳方法。如果能做到这两条的话，你无论在哪个领导岗位上都能胜任。

说"齐家"，让你管一个拥有几十口人的大家庭，如果能把人性认识清楚，对这个大家庭内部的各种人际关系、矛盾以及矛盾产生的根源自然就都能理解了，就能充分地把握这个环境。然后，如果你再能做到"诚意正心"，端正你的态度，不搞歪门邪道、行得正，让大家佩服你，而你还能正确地思考，无论这个家遇到什么问题，你都能想明白，并且找到妥当的解决方法。那么，这个家你还能管不好吗？

你如果没有修身，没有"格物致知""诚意正心"的功夫，那结果就只能是一句话："清官难断家务事。"有了矛盾你不知道谁是谁非，有了问题你拿不出合适的解决办法，这个家自然也就管不好了。

说"治国"，如果你是省长，如果你有"格物致知"的功底，了解人类社会的发展规律，了解当前的世界大局势，了解国家的形势，同时还了解你所在的省在大环境里是处于什么位置，这个省的强项是什么，弱项是什么，主要矛盾是什么，然后"诚意正心"，别搞歪门邪道，不要只想着自己的利益，本着对全省人民的爱，"仁者爱人"，以此为出发点，去想一想，在这样的大环境下，在本省这样的现实下，怎么能让全省人民的生活水平上一个新台阶。然后你就知道应该抓什么，应该怎么抓了。

儒家为什么不重视对具体方法的研究，而最重视修身？因为修身只要做到"格物、致知、诚意、正心"，方法自然来！

如果没有"格物致知"，根本不知道本省的强项、弱项都是什么，那就是拍脑门、瞎指挥。如果再做不到"诚意正心"，不是从"仁者爱人"的角度出发，不是想让本省人民的生活水平得到提高，而是满脑子想着自己怎么捞政绩，肯定管不好。

同样是抓经济、搞开发，没有"格物致知"，没有"诚意正心"，开发就不能落到实处，在这儿划块地建工业园，然后就扔那儿不管了。反正我政绩捞足了，我提升了，这样的话，这个省还能管好吗？这样，就实现不了《大学》里说的"治国"。

所以，作为一个领导者，作为一个大人物，不管坐在哪个级别的位置上，不管当多大领导，归根结底还是要修身，要修"格物、致知、诚意、正心"。

《大学》的核心——"自天子以至于庶人，壹是皆以修身为本"。不管你当多大官，小到五个人的店长，大到国家最高领导，都要以修身为根本。为什么？修身就是"格物、致知、诚意、正心"，这不仅是修道德，也是修事功。如果你能做到"格物、致知、诚意、正心"，道德也在其中，事业也在其中。这就是儒家追求的理想境界。"内圣外王"，对内来说，道德修养达到了圣人的境界；对外来讲，事业达到了王者的风范。这样的人生才是最成功的，这样的人才是《大学》里说的真正的大人物。这也是佛教说的"内外双修、福慧双得"。

有人误解儒家只是空泛的道德说教，是因为只注意到了儒家修身方式中修道德的一面，没有注意到儒家的修身方式中还有修事功的一面。将儒家思想与修行中用于实践的那部分内容屏蔽，然后说儒家思想没有用，无法落实，这不是很偏颇吗？

并不是只有大领导才需要修身，哪怕你就是一个店长，手下就管三个人，你也要做到"格物致知"。格物，你得了解这三个人都是怎么想的，然后才能和他们有效沟通。这是了解人。格物，还得对你从事的行业有清醒的认识，这个店的特点是什么，所在地理位置怎么样，目标客户特点是什么。这是了解事。格物，就是要把人和事都想明白，然后才能把这个店经营好。如果你的目标不仅是经营好一个店，你还有愿景、有梦想，要做大做强，那么你还要进行另一个层面的格物修养，要了解人性，了解人类社会，这样才能将连锁店开遍各地。而且，仅有"格物致知"还不能保证你走向成功，你还要有"诚意正心"。作为店长，首先你的心要正，不能搞歪门邪道。天天算计怎么给员工少发点儿钱，以便自己多捞点，这就肯定搞不好。你要做到诚意正心，本着客观无私的态度来做事，不管对手下、对客户都从"仁者爱人"的精神出发，这样自然就能干得很好。这才是儒家说的修身。

"齐家、治国、平天下"也是需要理顺人际关系的。本着诚意正心、格物致知，才能了解自己、了解他人，才能理顺人际关系。想管好一个有几十口人的大家庭，最关键的问题就是把这几十人的人际关系全部理顺，家和谐了，就实现"齐家"了。

如果你能协调好几十个人的关系，让你去"治国、平天下"，也不会有问题。因为不管处在哪个级别的领导岗位上，你的上级、下级和平级，需要协调的部门全加起来，要面对的也就是几十个人，能理顺几十人的家庭内部关系，也就能理顺几十人的社会关系。方法都是一样的，拿出协调与长辈关系的态度和方法去处理和领导的关系，拿出协调与晚辈关系的态度和方法去处理和下级的关系，拿出协调与平辈关系的态度和方法去处理和平行部门的关系，一切就都能理顺了。

所以，儒家认为，能"齐家"，就能"治国"，能"治国"，就能"平天下"，当然，一切都得从修身开始，而修身要从"格物"开始。

"格物致知"，修的是怎样把握客观环境、把握人类社会；"诚意正心"，修的是自己的仁爱之心。在我看来，能把这两方面修到位，什么问题就都解决了。这才是真正的成功学。

相比来讲，"诚意正心"更重要。修"诚意正心"，就是要保证自己的心是正的，你的想法才能和其他人对接，这样去"格物致知"才能得出正确的结果。为什么精神病人不能对别人有正确的理解？因为他内心的想法和他人是不对接的。"诚意正心"，才能通过了解自己，进而了解其他人，否则你的猜测全都是错的。

为什么我们强调要了解他人？因为我们无论做什么事，归根结底都是和人打交道。你说出门办点儿事，指的就是和人打交道。出门砍柴不叫办点儿事，那叫干点儿活。如果你知道人家是怎么想的，事情自然办好了。如果闭着眼睛都能想出来别人怎么做，到这个场景他必然会是什么表情，那么，你还不知道应该怎么和他打交道吗？方法自然来啊！

"格物致知"是解决外在环境问题，"诚意正心"是解决内在动机问题。不能做到"诚意正心"就不能做到"格物致知"，端正出发点才能选择最有利的方法。这是"诚意正心"的作用。"诚意正心"，才能真正做到"格物致知"，获得的知识才是真正的知识，也就是王阳明说的"致良知"。

接下来说一个小问题，《大学》的经文里为什么将"八目"说了两遍，正说一遍，反说一遍？我的理解是，前面一遍，说的是寻找问题的根源和解决方法。"古之欲明明德于天下者，先治其国。"你想平天下吗？那么你就要追问，怎么能达到平天下呢？问题的根源和解决的方法是，要达到平天下，得先治其国。那怎么能治好其国呢？答案是先齐其家。这一段的行文是一环一环地往前推导，这个推导过程就是要寻找解决问题的方法。这是在教我们一种思考问题的方法。这就是"格物致知"啊！讲"格物致知"时，行文本身就体现着格物致知！

一步步往前推，最后才能找到解决问题的关键。这里推了几步？平天下、治国、齐家、修身、正心、诚意、致知、格物，一共推了八步。实际上，生活中很少遇到这么复杂的问题，一般来说，用不着推导八步就可以找到问题的根源和关键了。比如说，现在我这个店效益不好，这就相当于"欲明明德于天下"，应该怎么办？这是第一问。先找到你的"先治其国"是什么。比如说，首先要增加客流量。怎么能使客流量增加呢？这是第二问。按照这个思路一直问下去，一般来说，问不到八个问题，就已经找到答案了。

要想使用《大学》的这套方法，你首先要做到"静""安"。俩人一聊天，一拍脑袋，知道公司该怎么办了！那肯定是错的。为什么？没有做到"静"和"安"。喝着酒，突然间一碰杯，碰出灵感来了，我知道公司该怎么办了。那肯定也是错的。你首先要使自己沉下来，在一个非常静的环境下，将其他事情都清除到脑海之外，专心致志地思考这个问题，而且心要定。心不乱，不急不躁，不受外界影响，也不能有事情牵挂，静静地思考，这才是"静而后能安，安而后能虑"。按照《大学》这个路子，就能找到问题的关键。这是方法论。

所以，前面一遍对"八目"的叙述，是教你一种思考问题的方法，是对"六证""静而后能安，安而后能虑"的一个展开。这就是正确地思考问题的方法。

那么，后面为什么又倒过来说一遍？后面讲的是正确地处理问题的方法。换句话说，前面教你怎么把问题想明白，后面教你怎么把事情做明白，这是事情的两个方面。你能想明白，不一定能做明白，所以《大学》分两个部分来讲。

后面讲的是处理问题的次第。

首先，你的基本功是了解人，了解人之后，真正的知识就自然产生。说得再玄一点，如果能了解人，智慧自然来。所以，在处理问题的时候，不要就事论事，头疼医头、脚疼医脚，而是要从修身入手，从了解人入手。先把人的真实想法想明白，这是"物格"。

你现在和客户沟通，先别想怎么说服他买你的产品，先要"格物"，弄明白他是怎么想的，他现在到你这儿来抱的是一种什么心态。先把这些事想明白，"物格而后知至"，然后知识就来了，智慧就来了。你能知道他的真实想法，就有无数种方法去和他沟通了。

举个极端的例子，今天有人来逛你的店，是抱着一毛钱东西不买的心态来的，如果你知道了他这种真实的想法，你应该怎么和他沟通？能一开始就向他推销产品吗？他既然没想买东西，那咱们就先别谈东西，从别处聊起。问题的关键在哪儿？儒家的核心是什么？仁啊，仁者爱人嘛。你怎么和他沟通？本着爱人、为他好、关心他，从这儿开始沟通。这就叫"物格而后知至"。

要把事情办明白，首先得把人想明白，知道了这个人的想法，才知道怎么和他沟通。在此之后，要注意"知至而后意诚"，要诚意。这个人我了解了，他进我店是闲逛的，不想花一分钱，看我怎么套他，这意就不诚了。如果抱有这样的动机，接下来的做法肯定就和诈骗有可比性了。端正自己的出发点和心态，本着"仁者爱人"的心态，然后自然就知道应该选择哪种方法与对方沟通了，正确的方法就出来了。儒家告诉你，能做到心正，才真正地做到了身修。做到这两点，你的修养就达到一定的境界了。能达到这种境界，方法自然来。而且这种方法肯定是他人最容易接受的方法，也就做到了"亲民"。结果是，只要他想买这种产品，就一定到你的店里来。为什么？说不出来，反正我就是觉得去他的店舒服。这就是从"明明德"，从修身，到"亲民"。

综上，《大学》说了两遍"八目"，前面是教我们怎样正确地思考，后面是教我们怎样正确地实践。《大学》是怕我们忽视，特意说了两遍，目的是强调，让读者认真思考。

讲完"八目"，《大学》的经文部分还有一段话：

> 自天子以至于庶人，壹是皆以修身为本。其本乱而末治者，否矣。其所厚者薄，而其所薄者厚，未之有也。

首先是对修身的再一次强调。修身这件事情不仅是天子的事情，不仅是贵族阶层的事情。所有的庶人，就是所有的老百姓，要想人生获得幸福，收获成功，都要以修身为本。因为"八目"最后的落脚点是治国、平天下，有人可能会误解，以为这只是天子、贵族、执政者需要考虑的事情，所以曾子在这里特意强调，从天子到庶人，从最高领导到普通百姓，都要以修身为本。

所以下面讲"其本乱而末治者，否矣"，根本问题乱了而其他问题还能搞明白，这是绝对不可能的。要把根本问题解决，其他问题才能迎刃而解。这句话为什么接着前面那一句？什么是本？前面告诉你，以修身为本。所以，修身没修到位，想走向成功是不可能的。"格物致知""诚意正心"做不到，想人生事业有成，是不可能的。这个根本问题都弄乱了，还想事业有成，那是不可能的。这里是告诉我们这样一个结论。

"其所厚者薄，而其所薄者厚，未之有也。"应该重视的却忽视了，应该忽视的反而重视，没有这样的人。每个人都认为，自己重视的是应该重视的，忽视的是应该忽视的，但真的做到了吗？如果没有做到"格物致知""诚意正心"，结果就可能是本来应该重视的被忽略了，本来应该忽略的却非常重视。因为你对事情的分析是错误的，你把重要的当成了次要的，把次要的看成了重要的，那你的人生肯定就乱套了，绝不会走向成功。

为什么会出现这样的结果？因为你没有修身，没有"格物致知""诚意正心"，所以抓不住问题的关键，捡了芝麻，丢了西瓜。这句话是最后强调一下前面这些修行方法的重要性。

朱熹本的《大学》，经文部分的内容到这里就结束了，但是，古本《大学》此下还有一句：

　　此谓知本，此谓知之至也。

这就叫作知道根本问题，这才是真正的、达到极致的知。什么意思？知道了修身是所有人的根本，是我们人生的根本问题，这才是"知之至"，就是致知。这才是关于人的真正的知识，才是达到极致的、究竟的知识，才是解决人生问题的真知灼见。

第八讲　三纲、六证、八目的关系

在讲《大学》的传文部分之前，我们先来归纳一下"三纲""八目""六证"的关系，不完全是古人的，也有我个人的理解。

首先得把修身单独拿出来，它是整个《大学》的核心。如果把它放到"八目"里面，就将它的重要性降低了，"三纲""八目""六证"之间的逻辑关系也就理不清楚了。

把修身单独拿出来之后，"八目"剩下格物、致知、诚意、正心。这四个加起来就是修身。修身怎么修？就是这四目，合起来，古人称格致诚正，就能达到"明明德"。

为什么叫"三纲""八目"？"三纲"是三个纲领，"八目"是八个细目。从写书的角度打个比方，"三纲"是章，"八目"是节。"明明德"作为一章，下面四个节就是格、致、诚、正。格致诚正才能做到"明明德"，这是"明明德"的方法。

修身也是为了"明明德"，具体的方法就是格、致、诚、正。但是我们一定要记住一点，格、致、诚、正不等于"明明德"，"明明德"的概念比格物、致知、诚意、正心还要大。或者说，如果只做到这四目，很难直接达到"明明德"。

能做到"明明德"之后才能做到"亲民"，"明明德"是修炼方式，"亲民"是效果，是这种修炼方法的具体作用。修到

"明明德"才能有"亲民"的效果，而达到"亲民"才能做到齐家、治国、平天下。

齐家、治国、平天下所需要的基本手段都是"亲民"。"民"就是人，"亲民"就是身边的人都愿意和你亲近。如果你的家人都愿意和你亲近，家就和谐了，这就是"齐家"。国里面的人都愿意和你亲近，就是"治国"。天下人都愿意和统治者亲近，就是"平天下"。这是"亲民"的功能。

我们可以将"八目"分成两栏，上一栏是格物、致知、诚意、正心，是修身的方法；下一栏是齐家、治国、平天下，是修身的效果和功能。整个《大学》围绕"三纲""八目""六证"展开，实际上谈的就是修身。

有人说：我就是一个普通打工的，治国、平天下都和我没关系。那你也需要齐家啊！所以任何人都需要修身。

怎么修？格物、致知、诚意、正心。这四目是手段，不是要达到的效果，通过这个手段是要达到"明明德"的效果的。格、致、诚、正不能直接给你带来"亲民"，也不能直接带来齐家、治国、平天下，它们之间没有直接的必然联系，因为这个过程如果不能完整地执行下来，某一个环节出现偏差，就达不到最后的效果。

比如，如果没有"格物致知"，只修"诚意正心"，最后的结果可能达到"明明德"了，但做不到"亲民"。因为只修"诚意正心"而没有"格物"的话，你可能就变成一个道德先生，一个道德样板，大家对你的评价是"这个人太好了，就是办事儿办不明白"。如果不修"诚意正心"，只修"格物致知"，大家对你的评价可能是"这个人太聪明了，就是心不正"。这是两种最典型的修身偏离正确方向所导致的结果，这两种结果都不可能实现"明明德"，也不可能实现"亲民"。原因很简单，如果你只修"诚意正心"，人虽然挺好，但是办事儿总办不明白，人家还能和你亲近吗？如果不修"诚意正心"，"格物致知"做得很好，能把人和事儿都看得清清楚楚、明明白白，就是心不正，出发点是歪的，总以牺牲别人的利益来满足自己的利益，大家怎么可能和你亲近？

所以，"格致诚正"是可能修偏的，修偏了就达不到"明明德"，也达不到齐家、治国、平天下。所以格物、致知、诚意、正心不等于能齐家、治国、平天下。怎么能保证不修偏？就是这四个字要合在一起修，不能分开。修"格物致知"的同时，出发点要正，心要正；在"诚意正心"的同时，还要去了解人、了解事物。这四目不能分离，然后才可能"明明德"，有"明明德"之后才可能有"亲民"，有"亲民"之后才可能治国、平天下。

"三纲"是纲领。第一个纲领是儒家修行的方法"明明德"。第二个纲领是儒家修行要达到的功效"亲民"。一个是修，一个是用。这两纲表面上看起来已经很完整了，为什么还要有第三纲"止于至善"？修身一定要以此为出发点，要将此作为一个愿景。要有"止于至善"的愿景，才有修身的动力。但最重要的功能是体现在要将"止于至善"和"格致诚正"结合起来，才会必然地走向"明明德"。

首先要有一个宏伟的愿景、宏伟的蓝图，这个必须是善的。善，必须是有利他性质的，不能纯粹是利己的，这叫作"止于至善"。在这个基础上，通过"格致诚正"，才能做到"明明德"。

"明明德"是去除后天的习染，把先天的美好素质释放出来。没有"明明德"，就是被蒙蔽、被污染了，就是《三字经》上说的"性相近，习相远"了。修的过程就是去除污染的过程，所以孟子说"仁义礼智非由外铄我也"。"仁、义、礼、智"不是后天学习来的，是我们先天具有的，只不过在后天生活的过程中它受到了蒙蔽。蒙蔽的原因是什么？后天习染。后天习染主要分为两个方面。内因是"情""欲"，外因是社会的不良影响。知道了原因，想要恢复先天的美好素质，方法也就找到了，从内外两个方面去掉蒙蔽。我们这里主要说内因，因为外因很多是我们无法左右的。儒家讲"反求诸己"，社会的事情我管不了，但自己的事情我能管得了。所以从自身上下功夫，就是从"情""欲"上下功夫，控制好"情"和"欲"，先天的美好素质就焕发出来了，这就是"明明德"。

要做到"明明德"，首先是修出仁爱之心。内心当中有一份柔软，是大家愿意和你亲近的那么基本点。如果你心如铁石，那么没人愿意和你亲近。其次是能做到"义"，就是办事妥当、恰如其分，因此大家愿意和你来往。再次是守着礼，就是遵守社会行为规范。我们生活在社会之中，所以不能以自我为标杆，要看看社会潜在的行为规范是什么。当然这也涉及不同的文化背景，我们在中国，就要按照中国的规范来。最后，先天的智慧就浮现出来了。具有"仁、义、礼、智"之后，你就是一个非常可爱的人了，大家都愿意和你亲近，然后才有了"齐家、治国、平天下"的效果。

为什么还要"止于至善"呢？它是修"明明德"、唤醒先天智慧的出发点和动力。人为什么要修身？为人生走向成功。但是，如果这个人对自己目前的生活状态相当满意，也不想走向成功，那他就不需要修身了吗？还有一条修身的理由，为实现自我完善、自我完满。人应该有这种追求，实际上，这才是精英阶层修身的原动力。

修到"明明德"的话，外在的表现是什么？有什么能够证明？那就是"六证"。

"六证"是修行的次第，"止、定、静、安、虑、得"中的这个"得"就已经达到"亲民"的效果了，已经成功了。但是，在修"明明德"的过程中，修到了哪一步，这是一个次第，这叫修证。修证是一个佛家的术语，但我觉得挺好。你修到哪一步了，你拿出证据来，出现了这个现象就代表你修到了这一步，这叫作修证。

第一个次第是"止"，修行要有动力，或者说发心，想要达到"止于至善"就是修行的动力。"止"是修行的第一个层面，就是刚开始修，发心要修。我不想这辈子过得浑浑噩噩，我想走向成功，我想完善自我，我追求"止于至善"。先要有这个发心。如果没有这个发心，你根本没入门，即使儒家的经典你都能通背，你在修行上也是没入门。就好比背会了药书，不代表你就是大夫。

实践的修行从"知止"开始，当你开始修之后，人是会有波动、有变化的。今天发心要修，明天不干了，那就等于你的修行总在一楼徘徊，徘徊了几天从门出去了，回到了不入门的状态。要上层次，就要找楼梯上二楼。

第二个层次叫"定"，就是定在这儿。我就是要在这条路上走下去，我认为这就是人生的真谛。有这个坚定的心，你就进入了第二个层次，上二楼了。

有了"定"之后才能"静"。有了决心，才能有静心，你的心才能沉静下来。静心要做什么？格物致知。儒家提倡静坐反思，静坐首先要做到"静"，要不然杂念、妄念袭来，你的心就跑出去了，根本得不出一个正确的结果。

静心才能格物致知，但必须得有"止于至善"，才能保证有诚意正心，才能保证格物致知不走到邪路上去。否则，格物反而为害。比如说，他的"情"和"欲"我都太了解了，我随时随地能将他的情绪引爆，两分钟我就能让他气得蹦起来，我能把他气死，就像诸葛亮气死周瑜似的。这就修到邪路上去了。

能够静心，下一步才能达到安心。在静的情况下感受到喜乐平和，才能安心。刚开始修到"静"的时候，你不能一直停留在其中，甚至什么时候进入那个状态、什么时候出来，自己都做不了主。比如写毛笔字，越写心里越喜欢，没觉得有多久，一看表都三个钟头了，这就说明你进入静心的状态了。但是你不能保证随时进入这种状态吧？而且即使进去了，什么时候出来也不能保证吧？如果修到安心的状态呢？是能够一直停留在那种喜乐平和的状态里，能够安于此。

修到安心的境界，心不受外界影响，你的心一直安于喜乐平和的状态，这也就是孟子说的"不动心"。修到这一步才能"虑"，对一切事情有正确的思考和判断。那么，人生这点事儿对你来说就是一盆清水了，能够一眼看到底。这是第五个层次"虑"。

有了"虑"之后，才真正唤醒了先天的智慧，任何事情都不纠结了，都能看明白了。然后就"得"了，就能达到"齐家、治国、平天下"了。"得"就是得到"亲民"，得到齐家、治国、平天下的结果。

"六证"讲的是修行的六个层次，逐渐往深了修，效果才能越来越明显。但是在修的过程中，在具体操作上有很多细节的问题。排除外因，我认为修身最大的问题就是"情""欲""念"，也就是情感、欲望、发心。如果连自己的"情""欲""念"都说不清楚，只能说人生处于一个浑浑噩噩的状态，做事是不可能清楚的。面对人生的任何事情，都能把自己的

"情""欲""念"说清楚，这才是真正活明白了，才有可能唤醒先天智慧。在这个基础上才能会"格物"，才能把人和事儿都想明白、看明白，才能"亲民"。

"亲民"最后达到的效果是什么？朋友们和你亲，愿意把资源拿出来与你共享，这就是《大学》后面讲到的"有人此有土，有土此有财"。有了人脉，就有了资源，有了资源，就有了钱。然后就是齐家、治国、平天下，想干什么都能干成了。

但是，这一切的出发点是"八目"的前四个，必须守着诚意正心去格物致知，然后才能把事儿想明白、做明白，然后大家才愿意和你亲近，你的人生才能走向成功。

修身也是一个练习的过程，就像运动员，要天天练，才能最后出成绩。如果没有天天练，是达不到效果的。所以儒家讲究静坐反思，"心香三炷"，说的也是这个练。

愿景越大，动力就越大，但是愿景是"止"，你能不能"定"住，这很关键。这篇文章谈的就是修身，修身的原因、目的、方法、次第，全文就是围绕着修身展开的。

第九讲　曾子说三纲

我们前面说过，《大学》古人分为经一章、传十章，认为传的部分是曾子对经的部分的讲解，曾子的弟子记录整理的。下面我们就开始进入曾子的解释部分。曾子解释的特点是引经据典，当然他引用典籍也不乏断章取义的部分。

《康诰》曰"克明德"，《大甲》曰"顾误天之明命"，《帝典》曰"克明峻德"，皆自明也。

曾子的解释先从"三纲"入手，这是传的部分的第一章，程颐认为是解释"明明德"的。

《康诰》是儒家另一部经典《尚书》里的一篇。《尚书》就是儒家"五经"中的《书经》，是孔子整理的上古文献汇编。"克"是能够的意思；"明"是动词，指能够发明自己的美德；"克明德"，就是能够使自己的美德充分地表现出来。"大"是通假字，通"太"，《大甲》就是《太甲》，也是《尚书》里的一篇。"顾"本义是看，引申为考虑到；"误"也是通假字，通"是"；"顾误天之明命"的意思是要考虑到老天的明明白白的命，就是老天给你的东西。老天给了人什么，《大学》里没有展开说，《中庸》里面有解释："天命之谓性。"意思是，老天给你的东西就是你的本性。《帝典》也是《尚书》里的一篇，也称《尧典》。 "克"是能够的意思；"峻"是通假字，通"俊"，按照朱熹的注解是"大"的意思；"克明峻德"就是你要能够阐明、发明你最大的美德。

曾子先是引了三句《尚书》上的话，然后自己做了一句总结"皆自明也"。"自"是从的意思，"皆"指全部。曾子说，上面这三条引文说的全都是要从这个"明"字出发，从"明"字入手。

我们要注意一点，曾子解释"三纲"的时候，不是全面去解释，而是只解释了里面的三个动词"明""亲"和"止"。这一章他解释"明明德"，实际上并没有全面解释什么叫"明明德"，只是解释了一个动词"明"，就是"明明德"的第一个"明"字。曾子的意思是说，讲修身要做到"明明德"，"明明德"的关键是第一个"明"字。"明"字是动词，是阐明、发明的意思，就是将自身的美好品德发挥出来，并加以扩充。

可能我们今天会有一点误解，曾子为什么不像我们讲课时这样，把它说开了、揉碎了，细细地解释呢？为什么曾子只是解释其中的要点？我们需要考虑到，古人的修养比我们要深得多，曾子的弟子们对于原文的阐释都是理解的，曾子再把大家都理解的东西拿出来细细地解释，就没有必要了。所以曾子的解释就是阐明要点、关键，指明那些容易被忽视的内容。

所以，"明明德"的关键就在第一个"明"字。曾子也告诉我们，要想做到"明明德"，就必须在这个"明"字上下功夫。怎么去"明"呢？这个"明"有不同的层次。

第一个层次的"明"是明白，即先要弄明白什么是"明德"。你要把自身美好的品德发扬光大，就要先知道自己身上美好的品德是什么，即孟子讲的"四端"，也就是"四心"，是老天赋予我们的善良本性。

　　我们前面说过，"格物"既是了解自己、了解他人、理解事物，也是了解社会、理解人性；修"格物"功夫，到最后需要去理解人性，就是要弄明白人性当中善的东西是什么，或者说哪些善是人天生的，是老天赋予的，不是后天练出来的。所以第一步先要做到的"明"是明白。

　　"明"的第二个层次是发明，即将这个"明"发扬光大。首先要理解人性中那些善良的本性，然后是将这些本性发扬光大。最后是"明"的第三个层次——明了。什么是明了？就是格物之后要致知嘛！格物是弄明白人性当中善良的本性，但这时还停留在"知"的层面，仅仅知道是没有用的，还要学以致用。考虑这个东西在实践中怎么运用，就是致知。以它为方法、手段，去解决人生当中的问题，这才叫"明了"。不仅要"明"，还要"了"，得把这个事儿了了。如果这个事儿你处理不了，就说明你的修养没到位，"明"就没修到位。

　　"明明德"最后是入世的，是要解决现实问题的。第一步是明白地认识到人的善良本性。比如，孟子说的"四心"包括恻隐之心，修行就是要扩大恻隐之心，也就是"仁者爱人"。有恻隐之心，"不忍人之心"，通过修养把它变得越来越强大，用它去解决现实问题，也就是说，要本着"仁者爱人"的精神去处理现实中遇到的问题，这才是"明"的三个层次。只有做到了第三个层次，"明明德"作为具体的方法才能在现实生活中派上用场，才能真正看到修行的效果，要不然它就流于空洞的道德说教了。

　　"明"有这样的三个层次，有这样的重要性，所以曾子在这里单独点出，要做到"明明德"，重点是思考这个"明"字，从这个"明"字入手。能明白人性之善，才能真正做到格物；能够从明白到发明，将之发扬光大，你才获得了真正的知识，才做到了致知；本着这个出发点，用这种方法去解决现实问题，才是明了，这才做到了诚意正心。

　　修身的八个字——格物致知、诚意正心，皆和"明明德"的"明"字有关，所以曾子专门强调要从"明"字入手，这是问题的关键。

　　汤之《盘铭》曰："苟日新，日日新，又日新。"《康诰》曰："作新民。"《诗》曰："周虽旧邦，其命惟新。"是故君子无所不用其极。

　　这是《大学》传部分的第二章，曾子解释的是"亲民"的"亲"字。

　　"盘"是一种器皿，在其上刻的字叫"盘铭"。"汤"是指商汤，商朝的开国君主。传说商汤用的一个器皿上，刻着"苟日新，日日新，又日新"这句话，这在古代是相当有名的。"苟"，按照朱熹的解释是"诚"，"诚意正心"的"诚"，是真正、确实的意思。"苟日新"，就是如果真正做到"日新"的话，就是确实、真正每天都自我更新，都有新的收获、新的进步，都自我完善。"日日新"，就是每天都能够有新的收获，有新的进步。"又日新"，意思是在这个基础上，还要追求每天都有新的进步。这也是古人的一个修行方式。

　　人不能一口吃个胖子，要从每天的自我更新入手，它强调的是持久、坚持。不管是学习还是修养，古人强调的都是一个持续性、日积月累，最后才能达到非常高的境界。学知识是这样，修养也是这样。

　　如果从学知识的角度讲，就是老子说的"为学日益"，学习应该追求每天增加一点。明代的大学者顾炎武的代表作叫

《日知录》，意思就是每天都知道点儿新的东西，然后把它记录下来。《日知录》是顾炎武的学术札记，也是他学习积累的过程，是他每天对学问的思考。这本书最终成书前前后后经历了三十多年的时间。其实，《日知录》的书名出自《论语》中子夏的一段话："日知其所亡，月无忘其所能，可谓好学也已矣。"完全体现了儒家的精神。

修养追求一曝十寒不行，不求多，不求快，贵在坚持，日积月累，等到一年、两年之后再看，你的境界就不一样了。每天能改掉自己一点点小毛病，就是修养上的大进步，这样坚持下去，就会有非常大的成就。

"作新民"的"作"，是振作的意思；"作新民"，就是要振作民众的更新意识，振作民众的进取精神。

"周虽旧邦，其命惟新"这两句诗出自《诗经·大雅·文王》篇。"周虽旧邦"，意思是周朝虽然是一个旧国家，指周朝已经存在很多年了；"其命惟新"，意思是但是上天给它的"命"是新的。这个"命"指上天赋予的使命。这句话指的是，在商朝的时候，周政权就已经存在了，只不过当时周是商朝下面的一个诸侯国，后来周人发展起来，取代了商朝，成为天下的共主。如果从存在的时间来讲，"周虽旧邦"，周政权不是新事物，而是一个旧国家，但是上天给它的使命是新的，以前它是作为商朝的诸侯国而存在的，现在它是作为天下的领袖而存在的，使命不一样了。这就叫"周虽旧邦，其命惟新"。所以后代把改革叫"维新"。

以上曾子引了三条古文，一条出自《盘铭》，一条出自《尚书》，一条出自《诗经》，它们的核心词都是一个"新"字。我们在前面讲"三纲"的时候说过，"三纲"的"在亲民"，朱熹、程颐都认为应该读作"在新民"，这种理解就是受曾子这三条引文的影响。前面传的第一章解释的动词是"明"，后面传的第三章解释的动词是"止"，"止于至善"的"止"，那么本章讲的就应该是"在亲民"的"亲"，所以朱熹、程颐都用"新"字来解释"亲"，认为"亲"应该读"新"。

我认为，曾子在这里解释的核心概念"新"，意思是更新、进取。曾子用这个来解释"亲民"，其真实含义是，要做到"明明德"，就必须做到这个"新"字，能做到这个"新"字，才能做到"亲民"，可以说"新"是这两种修养的中间环节。曾子实际上是在解释，"明明德"要从"明"字入手，"亲民"要从"新"字入手。或者说，"明明德"的关键是"明"，而"亲民"的关键是"新"，并不是说"亲民"就是"新民"。

"明明德"要从"明"字入手，但从"明"字入手应该怎么去做呢？要"日新"。儒家讲的"明明德"这种修养，不存在类似于佛家的顿悟，不会哪一天突然开悟了，而是要"日日新"，要通过点点滴滴逐渐积累才能做到"亲民"，就是孔子说的"修己以安人"。

你如果每天都能在学问、修养上有所进步，哪怕这个进步只是一点点，你也会发现，身边的人际关系在不知不觉中好起来了。修养是一个"日新"的过程，"亲民"是"日新"的效果和结果。人际关系的改善会在不知不觉中完成一个质变，每天加强一点修养，持之以恒地做下去，突然有一天你会发现，周围的人都对你很好了。

曾子说的也是一种方法，即学习和修养的方法，如果能按照这种方法坚持做下去，就能达到"亲民"，人际关系就得到了根本性的改善，事业就会走向成功。

"是故君子无所不用其极"中的"是故"是因此的意思；"所"指地方，"无所"是没有哪个地方；"极"是穷尽，就是尽心尽力。这句话是对前面三条引文含义的总结。意思是，因此君子没有哪个地方不是穷尽心力的。只有这样才能做到"日新"。要修这个"日新"，就应该每天每时每刻努力，而且是尽心尽力地努力。用我们今天的话说，就是认真过好人生的每一天，每天都认真做好你应该做的每件事。

因此，儒家还很重视另一个概念，就是不要"偷"。这个"偷"不是指偷盗，而是苟且的意思，就是得过且过、混日子。在儒家看来，这种心态是最要不得的。人生要活得认真，才能活得明白，先已抱定一个混日子的心态，这辈子也就不可能活明白了，更不可能事业有成。认真才能"日新"，每天自我更新、积极进取，然后才能明白、明了，才能走向人生事业的成功。

奇怪的是，"无所不用其极"在今天却是贬义词了，指为了达到目的什么手段都能够用出来。

以下是《大学》传的部分的第三章，全部引《诗经》来论述，一共引了五段。

《诗》云："邦畿千里，惟民所止。"《诗》云："缗蛮黄鸟，止于丘隅。"子曰："于止，知其所止，可以人而不如鸟乎！"

这里重点谈的是"止于至善"的"止"字。

"邦畿千里，惟民所止"出自《诗经·商颂·玄鸟》篇。"邦畿"，指都城附近的地方，这是周朝诸侯分封体制下的产物。周天子把天下的土地和人民分封给诸侯，让他们去建立自己的诸侯国，但是周天子也会给自己留下一块地。他的都城附近的土地是不会分封给别人的，这里是周天子的直辖区，这个地方叫"邦畿"。古书上讲领土的时候说的里数，既不是长、宽，也不是平方，往往说的是这片领土的周长。"邦畿千里"，指周天子在都城附近的直辖区的周长有一千里。"惟民所止"的"惟"是发语词，没有意义，"民"就是老百姓，"止"是居住、停留的意思。两句诗的意思是，都城周围这一千里的土地是老百姓居住、停留的地方。曾子引《诗经》上的这段话，重点是突出"止"字，老百姓止于哪里？止于邦畿。

说到这里，我想起一个典故。清朝雍正年间，查嗣庭主持科举考试时，就是用"惟民所止"作为考试的题目。当时的科举考试都从儒家的"四书五经"里出题。结果，有人向雍正皇帝揭发，说查嗣庭出这道题居心不良。因为"惟""止"两个字就是"雍正"两个字去掉字头，说查嗣庭题中暗含着将雍正砍头的意思。查嗣庭因此被杀。这个查嗣庭就是现代武侠小说作家金庸先生的祖先。

接下来曾子引《诗经·小雅·绵蛮》篇里的一句话："绵蛮黄鸟，止于丘隅。""绵蛮"形容鸟叫声，"丘隅"就是山坡上、山丘上。这句话的意思是，那个鸣叫着的黄鸟啊，它停留在了山丘上。

为什么要引这两句诗？突出"止"字。老百姓在哪儿能安居乐业？在天子脚下。所以是"止于邦畿"。鸟儿在哪儿能过得愉快？在山林里边。所以是"止于丘隅"。引这两句诗，实际上讲的是民和鸟都安于什么状态，表面上讲的是"三纲"的第三纲"止于至善"，暗中点出了"六证"的"安"字。"止"就是安于什么状态才最快乐。

下面引孔子的话，突出的仍旧是"止"。这句话是孔子针对"绵蛮黄鸟，止于丘隅"这句诗所发的感慨。"于止"，意思是谈到"止"这个问题；"知其所止"，意思是要知道自己应该停留在什么状态下；"可以人而不如鸟乎"，意思是难道作为人还不如鸟吗？前面两句诗里说，鸟儿都知道应该停留在什么地方，作为人，怎么能不如鸟呢？怎么能不知道自己应该止于什么境界、什么状态呢？

孔子这句话也暗示给我们一种思考问题的方法。我怎么知道自己应该止于何种状态呢？那么你想一想，鸟是如何知道自己应该"止于丘隅"的呢。山林，对于鸟儿来说，有吃的，有喝的，能够满足它的生活需求；有各种各样的鸟一起生活，一起飞翔，能够满足它的社会需求；有树林为它遮风挡雨，供它栖息藏身，使它能够避开地上的猛兽和人的捕捉，能够满足它对舒适安全的需求；山林里还有优美的山川、清新的空气，能够满足它的审美需求。想明白了这些，那么你还不知道人应怎样去寻找自己所止的地方吗？

再对照前面两句诗想一想："邦畿千里，惟民所止。"老百姓为什么愿意生活在天子脚下呢？今天我们为什么都愿意往北京跑呢？生活品质高、安全稳定、机会多，与鸟儿选择山林的原因是一样的啊！所以我们应该明白，我们要止于什么状态、什么境界。我们应止于一种有利于自己生活的状态，一种安全舒适又充满发展机遇的状态，一种能在社会中走向成功的状态，一种能够满足审美需求的境界。这两句诗与孔子的话结合起来，告诉我们这样一种思考人生追求的方法。

如果不思考这个问题，你的人生实在是过得太过糊涂了，就是孔子批评的，你还不如鸟呢！可惜的是，现代社会又有多少人思考过自己的人生应该止于什么状态、安于什么状态呢？

然后曾子又引了一句《诗经》里的诗。

《诗》云："穆穆文王，於缉熙敬止！"

这句诗出自《诗经·大雅·文王》篇。"穆穆"是形容词，很庄严、肃穆的样子，是形容"文王"的；"文王"就是周文王；"於"，按照古书的注解，应该读"呜"，是发语词；"於缉"是一个表示赞美的发语词，就是我们说的感叹词；"熙"是光明；"敬止"实际就是"止于敬"。儒家所说的"敬"含义很丰富，对上级的敬就是忠，对下级的敬就是爱，这里就不展开说明了。全句的意思是，伟大、庄严的周文王啊，令人感叹的是他能很光明地止于敬。

以上曾子一共引了四句前人的话，三句见于《诗经》，一句出自孔子，就是他老师的话。这四句配合在一起，曾子要说明的是人应该止于什么状态。前面两句《诗经》是比喻，说老百姓要想过好日子，得止于天子脚下；鸟儿要想过得愉快，得止于山林。然后引孔子的话总结，说人还能不如鸟吗？鸟都知道自己在哪儿过得好，应该停留在什么状态，人也应该找对自己停留的状态。那么，人应该止于什么状态呢？先举一个古代伟大圣王周文王的例子，他是止于敬的。然后下面再做具体说明。

为人君止于仁，为人臣止于敬，为人子止于孝，为人父止于慈，与国人交止于信。

人应该效法周文王这个伟大的先例，去寻找自己应该停留在什么样的状态。然后曾子举出了五个例子，也是人生的五种角色，告诉我们，每个人应该停留的状态是不一样的，没有共性的标准，而是与我们人生所扮演的角色有关。如果你是君主，你应该停留在"仁"的状态，"仁爱"才是你的根本出发点；如果你是大臣，你应该停留在"敬"的状态，保持"敬"，就是对上级要忠、对下级要爱；如果你是儿子，要止于"孝"；

如果你是父亲，要止于"慈"；当你和他人交往的时候，要止于"信"，就是诚信。

曾子是以举例子的方式告诉我们，每个人有不同的"止"，这也是"知止而后有定"。你先要知道自己应该止于什么状态，然后才能有确定的人生目标。每个人应该止于什么是不一样的，曾子不可能在书里对每个人都给出一个答案，这就需要我们自己去思考。

实际上，曾子举的例子不仅是指几种人，更是指每个人在日常生活中都需要扮演的几种角色。虽然你不是皇帝，但如果你手下还领导着几个人，那你也就是"君"，"为人君"就是给他人当领导；如果你同时还有上级，还有人管着你，那你同时也是在"为人臣"；这说的是你在工作单位的状态。下班回家呢，面对父亲，你就是"为人子"，你是做儿子的；但如果你也有孩子了，同时你也在"为人父"；此外，我们每天都在与他人打交道，这就是"与国人交"。可见，上述五种情况可以经常出现在同一个人的身上，这也就是我们在生活中要扮演的五种人生角色。

曾子虽然举了五个例子，但用词不一样，前四个都是"为人"什么，最后一个是"与国人交"，显然在曾子看来，前四个是一个类型。那么，我们想一想，前四种——为人君、为人臣、为人子、为人父，都是什么关系？"君"与"臣"，可以说是上下级关系，也就是社会关系；"父"与"子"，是亲属关系。换句话说，我们在日常生活中需要扮演的角色虽然有很多，但不外乎就是两类，一类是社会角色（或者称政治角色），一类是亲属角色（或者说伦理角色）。

要想知道自己应该止于什么状态，首先要知道自己现在是一种什么身份和角色。而角色是要有一个参照物的。曾子实际上给出了互为参照物的两组关系。国君在面对大臣时才是国君，回到后宫和嫔妃在一起的时候，要扮演的角色绝对不是国君，再拿出上朝的态度就不行了。大臣也只有在面对国君的时候才是大臣，等下朝回到自己主管的部门，他是一把手。这时候他是"君"，而不是臣。君、臣互为参照物，体现着社会关系。你和父亲在一起的时候，扮演的角色才是儿子。当你没和你父亲在一起的时候，就没必要总想着你是儿子。父、子互为参照物，体现着亲属关系。

想要知道自己此时此地应该扮演一个什么角色，首先要弄清楚你面对的是谁，你的参照物是谁。现在面对的是老板，在向老板汇报工作，你的角色和身份就是"臣"，就要守着一个"敬"字；现在面对的是你的下属，你的角色和身份就是"君"了，就要守着一个"仁"字。弄清楚了你的参照物，才能明白你的角色和身份是什么，也才能想明白自己应该止于什么。

不论你当多大官，回到你爸妈身边的时候，都不能"止于仁"了，而应"止于孝"。因为这时你的角色是儿子，与你的职务没有任何关系。人生的角色是在不同环境下转换的，上了班，你是领导；回到家，你是儿子。每个人都要随时搞清楚自己扮演的角色是什么。

我们说《大学》讲的是大人之学，是指导人追求人生成功的学问。这里就透露出一种与人生成功有关的方法。我们怎样走向人生的成功？先要知道自己扮演的是什么角色，然后才能给自己一个清晰的定位，知道自己要在哪个领域走向成功，然后才能知道自己应该止于什么。

假如我现在的角色是店员，要在这个领域走向成功，目标是成为最优秀的店员，然后成为店长。角色清晰了，目标清晰了，然后才能知道要止于什么。作为一名员工想成为最优秀的，应该保持什么状态呢？这就是应该止于的状态，应该始终保持这个状态，不能三天打鱼两天晒网。今天想得很明白，想成为最优秀的员工，应该如何如何，今天就精神抖擞、精神焕发地这么做了，但只干了两天，第三天就不做了，这就是没有止于那个状态。

要想知道人生应该止于什么状态，首先要明确自己扮演的角色，还要明确自己追求的成功是什么。把这两点想明白，然后才能知道你应该止于什么状态。修身就是要让自己止于那个状态。

这里曾子单独提出了一个"敬"字，怎么能像周文王那样"止于敬"？《论语》里有具体的方法，即"出门如见大宾"。只要你一走出家门，就好像去见最重要的客人，这种状态就是"敬"。

我一直觉得孔子这句话不是说给领导干部的，而是说给我们打工的人的。你要想成为最优秀的员工，首先要做到"出门如见大宾"。在自己家里你爱什么样就什么样，但只要走出家门，就要拿出去见最重要的客人的状态。这既是一个状态，也是一个心态。你不仅要保持这个状态，还要保持这个心态。

走出家门就意味着走向社会，只要你走向社会，和他人接触、交往的时候，就要本着这样一种状态和这样一种心态，这才是"止于敬"，这才会走向成功之路。

实际上，每个人因职业的不同，所从事的领域不同，结合自己不同的人生目标，应该止于的状态都是不一样的，没有办法一概而论，所以曾子只是给我们举了几个例子。但是，曾子的例子虽然简单，却是我们社会关系、亲属关系的典型。而人的身份、角色不外乎是这两大类，要么是社会关系，要么是亲属关系。你怎么扮演好亲属的角色，比如，面对你大伯时应该怎样？这是亲属角色。而同学、同事、同乡、领导、员工、客户，这些都是社会角色。面对领导应该怎样？面对同事应该怎么样？这就是你应该止的状态。但是只知道角色是不够的，肯定还搞不清楚你应该是什么状态，要结合你的人生追求，去思考、去参悟，才能想明白你应该止于什么状态。

曾子在最后给出一个总结："与国人交，止于信。"每个人应该止的状态虽然是千差万别的，是因人而异的，但是只要和人交往，就都应该守着"信"字，即诚信，这具有普遍意义，因此曾子用这个来总结上文。

我理解，这段话在谈"止"，就是人应该停留在什么状态。这里曾子对"止于至善"的解说没有解释"至善"是什么，而是像前面一样，重点解释了其中的动词"止"。曾子告诉我们，止就是你应该停留在什么状态之中，又告诉我们，每个人应该停留的状态是不一样的，应该怎样去思考、去寻找自己最应该停留的状态。然后曾子又举例说明，当我们扮演不同的社会角色、亲属角色的时候，应该停留的状态是不一样的。可以说，按照曾子的解释，"止"也可以理解为一种扮演好人生角色，从而走向人生成功的方法。

社会对每种人生角色的要求都是不一样的。按照曾子的理解，对君主，社会的要求是"仁"，要具有仁爱精神；对大臣，社会的要求是"敬"；对做父亲的，社会的要求是"慈"；对做儿子的，社会的要求是"孝"。我们每个人都生活在社会之中，也都是要在社会中获得人生的成功，因此，就必须首先了解社会对我们的期望值，然后按照这种要求去做，才能扮演好人生的角色，才能获得人生的成功。

我们还要注意到，"止"字，在经文里面不仅出现在"止于至善"中，还出现在"知止而后有定"中，是"六证"之一。曾子这里对"止"的解释，也是在解释"知止而后有定"，是在解释"六证"的"止"。

要知道自己应该保持一种什么样的心态和状态，人生的奋斗目标才能真正树立起来。曾子告诉我们，首先要能够止于这种状态，也就是说，第一你要知道，第二你要做到。不仅要知道，更重要的是要做到；不仅要知道应该保持什么样的心态和状态，而且还要止于这种状态，就是要一直保持这种心态和状态。怎么能一直保持呢？这就需要修养。修养就是想办法让自己能够一直保持应有的心态和状态，这叫"知止"。

要知道应该保持什么样的心态和状态，并且通过自己的修养努力去一直保持这种心态和状态，才是真正树立起人生的奋斗目标。这种心态和状态会使你距离人生的成功目标越来越近。如果不能一直保持这种心态和状态，就相当于向目标走三步、退两步，目标的实现就遥遥无期了。

所以说，这里曾子阐释的"止"，实际上也是在阐释"知止而后有定"的"止"。这才是大人之路，才是走向成功之路。

以上是曾子对"三纲"的阐释。他重点阐释了三个动词，我们可以将这三个动词穿成一串儿来理解。从"明"字入手，要明白、要发明你的善良本性，以此去解决现实中的问题，做到明了，既能想明白，又能把事情做明白，然后才能够达到"亲民"。要想做到"亲民"，就必须"日日新"。善良本性认识到了，但三天打鱼两天晒网也不行，达不到效果，所以要"日日新"。而要做到"日日新"，背后是"止"，要一直保持那种"明"的状态。这三个方面是可以合为一体的，需要贯穿起来理解。

始终能做到"明"，这就是"止"，一直保持这种状态，就能"日日新"，就能"亲民"，人生的一切也就理顺了，也就走向成功了。

按朱熹的理解，下面还是对"三纲"的阐释，曾子又引《诗经》来说明。

《诗》云："瞻彼淇澳，菉竹猗猗。有斐君子，如切如磋，如琢如磨。瑟兮僩兮，赫兮喧兮。有斐君子，终不可諠兮。"如切如磋者，道学也。如琢如磨者，自修也。瑟兮僩兮者，恂栗也。赫兮喧兮者，威仪也。有斐君子终不可諠兮者，道盛德至善，民之不能忘也。

这几句诗出自《诗经·卫风·淇奥》篇。

"瞻"就是看，"彼"是那个，"淇"是河名，"澳"是水边。这句诗的意思是，你看那淇水边。

有人认为，"菉"应该读"录"，就是绿，实际"绿"的古音就是"录"。"猗猗"是美好兴盛的样子，形容竹林长得非常茂盛。有人说，从押韵的角度，"猗"应该读"ē"，这样才能和下面的"如切如磋，如琢如磨"押韵，这是另一个问题了。"菉竹猗猗"的意思是，绿色的竹子长得非常茂盛。

"斐"是有修养、有文才的样子。"如切如磋，如琢如磨"，若按字面意思讲，切、磋、琢、磨是四个动词，是四个工种，古代把骨头加工成器物叫"切"，把象牙加工成器物叫"磋"，把玉加工成器物叫"琢"，把石头加工成器物叫"磨"。笼统地说，都是雕琢、加工的意思，后代演变为两个词——切磋、琢磨。这句诗的意思是，这个有仪表、有文才的君子啊，他也是对自己不断加工、不断完善，最后才达到那个境界的。

"瑟"是很严整的样子，"僩"是很刚毅的样子，"赫"是很盛大的样子，"喧"也是很盛大的样子。"瑟兮僩兮，赫兮喧兮"都是对那个有仪表的君子的形容。

"谖",意思是忘记、忘却。"有斐君子,终不可谖兮",意思是那个有仪表的君子啊,最终令人难以忘记,也是因为他给人留下了深刻的印象。

这是这几句诗表面的意思,但是曾子引这段诗,不是要用表面的意思,下面是他的解释。

"如切如磋者,道学也","道"是说的意思。曾子说,"如切如磋"这句诗说的是学习,学习要和人切磋。"如琢如磨者,自修也",这句诗讲的是自我修养,自我修养的关键在于对自己进行打磨。"瑟兮僩兮者,恂栗也","恂栗"就是恐惧、战战兢兢的、小心谨慎的样子。"赫兮喧兮者,威仪也",这句诗说的是威严的仪表。这是曾子对这几句诗的理解,诗的原意到底是什么,我觉得已经很难说了。

曾子是从个人的学习和修养方面来理解诗的内涵的。曾子认为,这首诗告诉我们,对于学习,你要"如切如磋",要和人切磋、交流,这讲的是学习方法;而对于自我修养呢,你要"如琢如磨",进行自我打磨,不断地完善自己,这讲的是修养的方法。后面两句,"恂栗"是恐惧的样子,就是要小心谨慎,讲的是一种心态;"赫兮喧兮"讲的是仪表、一种状态,这两句诗一句说的是内心,一句说的是外表,一句说的是心态,一句说的是状态。

人要修养的话,应该注意两点。第一,内心始终要有恐惧、敬畏之心。怎么能做到"出门如见大宾"呢?怎么能做到"苟日新,日日新,又日新"呢?首先得有一个小心谨慎的心,有敬畏之心,有谨慎之心,个人修养上才能进步。这讲的是内在,是心态。

第二,要注意外在的仪表,始终有一个威严的仪表。曾子认为，"有斐君子，终不可谊兮"，是"道盛德至善，民之不能忘也"。"道"是讲、说的意思。曾子认为，这句诗说的是：你如果具有了盛大的美德，具有了至善的品质，老百姓就不会忘记你。这讲的是修养的境界。

这几句诗让曾子这么一解释，就变成方法论和结果了。在方法论上，修身应该做到两个方面：第一个方面是学习，第二个方面是修养。学习上，应该和人切磋、交流，这是学习方法；修养上，应该琢磨、自我打磨，这是修养的方法。在自我修养上，要从内心到外表都进行自我完善，在内心方面自我完善的方法是要有敬畏之心、谨慎之心；在外表上进行修养，要始终注意仪表，有威严、庄重的仪表，别不拘小节。如果能做到上面这四点，既有学习，又有修养；既修内心，又修外表，那么你就成为"有斐君子"，就达到了"盛德至善"，你就能给身边的人留下一个深刻而美好的印象，大家都忘不了你了。

我的理解是，曾子是在"明明德""亲民"和"止于至善"的基础上讲修身，通过引这几句诗，曾子将修身的注意事项和方式方法都说清楚了。

我再重复一遍，修身涵盖学习和修养。学习的方法是要切磋，要和人交流，修养的关键是不断地打磨自己，去掉自己身上恶的、后天的习染，这就是"明明德"。修养方面还要注意由内及外。首先端正你的心态，保持敬畏之心、谨慎之心，然后才能"出门如见大宾"，才能有这样的外在仪表，而且要保持一个好的心态，才能保持一个好的状态。每天都追求这一点，就是"日日新"，就是"止于至善"。如果做到了，你就具有了"盛德至善"，你身边的人就忘不了你的好，你就做到了"亲民"。身边的人都愿意和你亲近，人际关系就理顺了，事业就开始走向成功了。

这一段实际上是对"三纲"的串讲，重点是突出方法、途径。曾子把这个层面解析得非常清楚，告诉我们具体应该怎么做。然后他接着讲什么是"民之不忘"。除了"盛德至善"，还有什么让老百姓不能忘？

《诗》云："於戏！前王不忘。"君子贤其贤而亲其亲，小人乐其乐而利其利，此以没世不忘也。

这句诗见于《诗经·周颂·烈文》篇。

"於戏"是感叹词。"前王不忘"，是说从前的那个国王，到现在老百姓都没有忘记。为什么古代那些伟大的君主到今天老百姓都还记得他们？曾子给的解释是"君子贤其贤而亲其亲，小人乐其乐而利其利"。

老百姓不外乎是两种人：一种是君子，一种是小人（就是小人物、普通人）。这说的是百姓的构成。君子能够记住"前王"，原因是什么？"贤其贤而亲其亲"，认同他的"贤"，这叫"贤其贤"，就是认为他是贤明的；"亲其亲"，君子知道什么人是可亲的，并且和这样的人亲近；从这个角度来说，君子忘不掉前王，因为前王是贤明的。这些伟大的君主，通过"明明德"达到了"止于至善"，这就是他的"贤"，君子都认同他这个"善"，然后就记得他，因此和他亲近，就达到了"亲民"。

小人物、普通人为什么也记得"前王"？"小人乐其乐而利其利"，"小人"是为他自己喜欢的东西而快乐，将对他自己有利的东西当成是利益。君子不忘"前王"，是从修养的角度、道德的角度；普通百姓是因为"前王"的统治给他们带来了利和乐而记得"前王"。为什么忘不掉那个"前王"？因为他曾经造福于人民，所以人民记得他。"乐其乐而利其利"，关键是老百姓喜欢的东西，老百姓看中的利益，那个"前王"都给他们保证了。有的老百姓喜欢钱，"前王"让他多挣钱了；有的老百姓喜欢过安逸的日子，"前王"让他过上了。"乐其乐"，你认为快乐的东西"前王"给你了；"利其利"，你要追求的利"前王"给你了。因为获得了利和乐，所以百姓忘不了那位伟大的"前王"。

一个伟大的领导，之所以能做到"亲民"，让老百姓忘不了他，主要是两点。其一，对于君子，对于追求自我完善的人，这些领导、伟大的君主是靠他的个人修养、人格魅力征服了这些人，使他们不能忘记他；其二，对于那些讲究功利的小人物，是靠保证他们的利益、实现他们的功利目的使他们不能忘记他。这两个层面中，第一个层面是道德的，第二个层面是物质的。老百姓追求的不外乎是这两点，或是追求自我完善，或是追求现实利益。一个最英明的领导者能得到所有人的拥护，关键就在这句话——"贤其贤而亲其亲，乐其乐而利其利"。

不管是多大的领导，你手下永远是这两种人：一种人是追求自我完善的，一种人是追求功利的。对于追求功利的人，你保证他的利和乐；对于追求自我完善的人，你用你的修养去感召他。或者我们说得再庸俗一点，不管当多大的领导，都应该意识到手下的员工永远是这两种人：一种人追求精神，一种人追求物质。追求物质的人，你保证他的物质利益；追求精神的人，你满足他的精神需求，保证他的荣誉感、自豪感。能做到这两点，你就做到了"亲民"，所有人就都拥护你了，不能忘记你了，大家就都记得你的"盛德至善"了。

但是，如果弄反了，就坏了。比如，这个员工就是好利、爱钱，你却总是给他荣誉，今天发个奖状，明天颁个奖牌，结果他对你的意见特别大。他心里想：你能不能来点儿实惠的，发点奖金。当然这话他还不好对你说，可是他是不可能发自内心地拥护你了。对于追求名誉的员工，你给他提高工资、多发奖金，最后他对你也有意见，他会想：这老板穷得就只剩钱了，就不能有点上档次的？结果当然也不会好。

有一种人，可能他对钱追求得相对淡，他不是不要钱，而是相对淡。特别是有些人已经很有钱了，你给他什么？很多企业家已经家产几个亿了，为什么还那么辛苦地工作？他追求的是钱吗？他实际上追求的是一种成就感。其实很多员工也是这样的。就像比尔·盖茨的手下，哪个是缺钱的。比尔·盖茨还靠奖金来刺激他们吗？那得发多少能打动他们！他们之所以还在做，要么是喜欢，要么是追求成就感。这时候作为领导的你就要从这个角度去满足他们，保证他们的成就感，保证他们的荣誉感。另一种人呢，他做事就是为了钱，那你就得保证他的物质利益。作为领导你应该清楚，你的员工就是这两种人。

还要注意一点，曾子已经点出来了，说"民之不能忘"的是你的"盛德至善"。你保证他的利益叫"盛德至善"吗？给钱就是"盛德至善"吗？不是。但是老百姓表扬领导的时候，说出来的肯定都是"盛德至善"，他不会说："因为他给我涨奖金了，保证我的利益了，所以他真好。"老百姓表现出来的，都是忘不了你的"盛德至善"。

但是千万记得，靠美德不能征服所有人，因为人分两种——君子和小人。怎么和他们相处？对君子靠美德，对小人靠物质。这样他们才能都夸你"盛德至善"。说得粗俗一点，爱钱的给钱，爱名的给名。根据他乐什么，根据他利什么，让他都得到，最后他们就都感念你的"盛德至善"了，这就是"亲民"，这样才能达到"齐家、治国、平天下"，不管做什么领导也就都能做到位了。

第十讲　曾子说修身

子曰："听讼，吾犹人也，必也使无讼乎！"无情者不得尽其辞，大畏民志。此谓知本。

在《大学》的传统分章中，这一段是第四章。

"听讼"，即听人家诉讼，就是审理案件；"吾犹人也"，意思是我和别人一样，没什么区别；"必"是一定的意思，"必也"是省略句，意思是，如果一定说有区别的话；"使无讼乎"，意思是我追求让他们不打官司。

曾子为什么引孔子这段话？怎么突然间说到司法问题上去了？因为审理案件最能体现"格物致知""诚意正心"。

孔子说，审理案件时，我和别人没有区别。为什么没有区别？因为孔子和别的法官一样，也是听听原告、被告都怎么说，然后判断一下谁有理。但是，打官司的，不论原告、被告，都是强调自己有理，作为法官就必须会"格物"才能正确判明谁说的是真的，谁说的是假的，了解事实真相。这就是"致知"。而要做到公正判决，还得"诚意正心"。作为法官，你收了一方的钱，那你还怎么可能公正？所以，就是"听讼"这件事，要想做好，达到司法公正，必须做到"格物致知""诚意正心"，也需要修身。

　　曾子在这里引孔子这句话，实际上是阐释"格物致知""诚意正心"，以及修身的重要性，这是我们做好日常工作的基础。换句话说，要想做好本职工作，就要像上面孔子说的法官那样，必须修"明明德"。

　　孔子还有一句，说他的最高追求是老百姓不打官司，这就是要"止于至善"。孔子最高的追求不是司法公正、伸张正义，在孔子看来，这是较低层次。孔子追求的是通过格物、致知、诚意、正心、修身，达到齐家、治国、平天下，达到"止于至善"，实现他心目中的大同社会。全社会都和谐了，就没有人打官司了。孔子从司法的角度讲了什么是至善。统治者的"至善"，不是搞好司法公正，而是全社会和谐，没有人打官司。

　　孔子的前半句话体现了"格物致知""诚意正心"，后半句话体现了"止于至善"和"齐家、治国、平天下"。曾子引孔子这段话，一方面是承上文，继续涉及"三纲"，另一方面也是讲到了"八目"。

　　"无情者不得尽其辞，大畏民志。此谓知本。"这是曾子对孔子那段话的解释。"情"，按朱熹的注解就是"实"，"无情"就是不实，没有一颗实实在在的心就不是"诚意"，所以"无情"指的是不能"诚意"，"不得"就是不能，"尽"是穷尽，"辞"是语言。如果没有做到"诚意"，就不能穷尽打官司双方的语言，不能穷尽被告、原告说的事情，就是弄不清楚双方谁说的是真的，这就叫"无情者不得尽其辞"。

　　曾子这是在强调"诚意正心"，但实际上也涉及格物致知，只是"诚"，而没有"格物致知"，不理解人性，也会分不清双方到底谁说得有理，也搞不清楚谁是真的、谁是假的。

　　但最关键的是"大畏民志"，你要有办法或者你要知道通过什么方法使老百姓的心里产生一种敬畏。然后曾子解释"此谓知本"。这叫作知本，即知道事物的根本。也就是说，打官司这个事根本在格物致知，怎么去格物呢？要了解老百姓的心态，然后引导老百姓"止于至善"，以达到"无讼"的效果，这就是要让百姓有敬畏之心。有了敬畏之心，不搞歪门邪道，人和人之间的关系自然就好理顺了，老百姓也就不打官司了，这才叫知道事物的根本。关于"听讼"，根本问题在这里。

下面还有一句，程颐、朱熹都认为是衍文。"此谓知本，此谓知之至也。"意思是，这叫作知道事物的根本，这才是真正的"知"，这才是达到极致的"知"。曾子反复强调"知本""知之至"，实际上是在强调经文说的"其本乱而末治者，否也"，"壹是皆以修身为本"的"本"，这个"本"是什么？——修身。应该解决的根本问题是修身。"此谓知本"的"本"是什么？——也是修身。"知本"就是知道修身才是根本问题，知道怎样修身，这才是"知之至"，才是达到极致的知识，对我们人生来说最重要的知识。

我们学习，要知道最关键的、最重要的、那种究竟的知识是什么，就是要知道怎样修身。其他的知识都是细枝末节的。怎样学习修身呢？曾子举了一个打官司的例子，通过打官司这件事去参悟应该怎样修身。要把案子判明白，首先需要"格物"，了解人性；还需要"致知"，了解事情真正的来龙去脉；还得"诚意正心"，才能把案子断明白。但这还不是修身的最高境界，最高境界是"使无讼"，是达到"止于至善"的境界。

曾子举司法的例子，是让我们从这个例子中去参悟怎样修身，能把这件事参透了，也就知道人生最根本问题的答案了；能把这件事参透了，也就解决了人生最根本的问题，获得了最根本的知识。在这个基础上，"本立而道生"，其他细枝末节的问题也都可以迎刃而解了。还是那句话，修身做到了，方法自然来。

　　曾子前面综合地讲解"三纲",到这里,他是把"格物致知"涵盖在里面了,所以下面曾子对"八目"的解释,"所谓诚其意者",是从"诚意正心"讲起。朱熹怀疑《大学》在"此谓知之至也"下面丢了一个自然段,就是因为他认为曾子不可能没有解释"格物致知"。为什么《大学》的原文里没有曾子解释"格物致知"的内容呢?所以朱熹自己给补了一段,就是下面这段话。

　　所谓致知在格物者,言欲致吾之知,在即物而穷其理也。盖人心之灵莫不有知,而天下之物莫不有理,惟于理有未穷,故其知有不尽也。是以《大学》始教,必使学者即凡天下之物,莫不因其已知之理而益穷之,以求至乎其极。至于用力之久,而一旦豁然贯通焉,则众物之表里精粗无不到,而吾心之全体大用无不明矣。此谓物格,此谓知之至也。

　　这一段不是《大学》的原文,是朱熹补的。
　　而我觉得《大学》原文没有丢,因为"格物致知"这四个字,曾子在讲"三纲"时涵盖进去了,已经一并解释过了。可以说,曾子在解释"明明德""亲民""止于至善"的时候,是句句涵盖"格物致知"的,所以没有对"格物致知"单独解释。
　　程颐认为,"此谓知本,此谓知之至也"是衍文,应该是抄书的人多抄出来的。而朱熹则把"此谓知之至也"这句话作为他自己补的一段话的总结了。我觉得,出现这些问题的主要原因在于程颐、朱熹对《礼记》的《大学》原文进行了重新编排,按照他们的编排思路,这两句话就没处安排了。所以,我比较认同王阳明的看法，《大学》原文应以《礼记》的编排次序为准。

那我们为什么不按王阳明整理的古本《大学》来讲，反而是守着朱熹《四书集注》的本子讲？因为朱熹的本子对明清两代的影响极大，可以说是通行本。我们讲古人的东西，应该考虑到其对古人的影响程度，不仅要考虑版本的好坏，更要考虑这个版本对古人影响的大小。这是我自己的看法。

下面曾子开始解释"八目"的"正心"了。在具体解释曾子的话之前，我们再谈谈"格物致知"与"诚意正心"的关系，也是对前面经部内容的一个总结，方便与下面的内容衔接。

《大学》的内容从整体上分为"三纲八目"。"八目"的前四目——格物、致知、诚意、正心，如果笼统地讲，可以说是两个方面。"格物"和"致知"，通过对人的了解，获得真正的知识，可以视为一个方面，谈的是"术"的层面。这个"术"翻译成现代文，可能不是很贴切的，就是方法论，"格物致知"谈的是方法论层面的东西。"诚意"和"正心"，端正自己的出发点，端正自己的思想，这是另一个方面，讲的是"道"的层面。但细分，这是四个方面，"格物"是了解人，"致知"是获得真正的知识，"诚意"是端正自己的出发点，"正心"是端正自己的思想。四个方面之间还是有一些微妙的区别的。

"格物致知"最后的落脚点是获得真正的知识。为什么要去了解人、理解人呢？是为了获得关于人、关于社会的真正的知识。可见，"八目"的前两目，作为儒家修行方法的基础，谈的是学习，谈的是知识，也正是从这个角度，我认为它是"术"的层面的东西。《红楼梦》上有句对联："世事洞明皆学问，人情练达即文章。"关于人、关于社会的理解才是真正的知识，是每一个按照儒家方法修行的人首先要做到的。

了解人是一切事情的开始，如果不能了解人，做什么事情都做不好。因为今天，当然也包括古代，人所从事的职业百分之九十以上是和人打交道，不涉及处理人际关系的职业是非常罕见的。在这个社会上，不管从事什么职业，基本上都需要和人打交道。如果不能协调好人际关系，不能理解人、不了解他人的想法，再提升一步说，不了解人性，那你和周边人的关系处理得肯定不顺畅，任何事业都是干不成的。

因此儒家讲，修行的第一步是"格物致知"，就是了解人，获得关于人、关于社会的真正知识，属于"术"的层面、学习的层面、知识的层面，在《大学》讲的修行方法里属于较低层面。

第二步是"诚意正心"，端正思想和做事情的出发点，这就不是知识问题了，是修养。加强个人的修养属于道德的层面，简单地说属于"道"的层面。这不是靠学习就能做到的，需要修养才能实现！

虽然这是两个层面，但这两个层面之间是有密切联系的。"诚意正心"固然是"道"的层面，是修养的层面，好像超越了简单的学习，但"诚意正心"可以说是"格物致知"的必备条件，如果没有"诚意正心"，仅提倡"格物致知"，君子和小人就没有区别了。可以说，"格物致知"只是一种"术"，是方法、技术，其本身是没有善恶之分的，关键看你怎么用。如果没有"诚意正心"为基础，只强调"格物致知"，就可能会通过"格物致知"这种方法作恶。可以这么讲，历史上所有的奸臣，"格物"这一点做得都很好，他们都把皇帝的心理揣摩得一清二楚，然后才能架空皇帝。

例如，明朝第十五个皇帝明熹宗非常喜欢干木匠活儿，大太监魏忠贤就专门在皇上做得高兴的时候来汇报工作。皇上手头的活儿放不下，就说：怎么什么事情都要来烦我，我知道了，你看着处理吧。结果魏忠贤处理政务去了，皇帝忙着干木匠活儿呢！你说魏忠贤不会"格物"吗？他为什么是奸臣？因为他虽然是"格物致知"了，把皇帝揣摩得非常透，但他没有"诚意正心"。

我们应该注意一点，即儒家是入世的学问，也是讲从政的。孔子提倡"学而优则仕"，我们今天的理解可能有偏差，大概古代有些人理解也有偏差，将其理解成学习就是为了当官，这是不对的。这个"学"还包括修养，"学而优则仕"的意思是，通过学习和修养完善自身之后，不能只想着独善其身，还要出来当官，给自己谋一个位置；有了位置，才有资源，才有权力，才能造福天下苍生。仅把自己修好了，那是小善；"穷则独善其身，达则兼善天下"，这才是儒家的主张。

儒家是要入世的，是要当官的，所以，作为一位儒家学者，仅有"诚意正心"没有"格物致知"是不行的。你的意念是好的，动机是好的，态度是端正的，思想是纯洁的，但就是不会"格物"，不了解其他人的想法，不了解人类社会，什么事情也办不好。那"诚意正心"又有什么用呢？

就拿古代来说，朝廷中永远存在奸臣和忠臣的斗争。忠臣要想斗过奸臣，他"格物"的境界就绝不能比奸臣差，不然的话，结果就是皇帝亲近奸臣，讨厌忠臣。原因是什么呢？忠臣没有弄清楚皇帝的心理，"格物"这一点做得不好。儒家的最终目的是齐家、治国、平天下，造福天下苍生，如果不会"格物"，得不到皇帝的信任，最后斗不过奸臣，哪里有机会造福万民呢。

用今天的话说，首先得保证你有能力去提倡正能量。怎么能保证自己有这个能力？需要最高统治者相信你，不相信那些奸臣。而要想做到这一点就需要"格物致知"，要了解皇帝是怎么想的。历史的经验教训告诉我们尤其应该注意这一点。在历史上有过很多奸臣当道、太监专权的时代，这些时代没有忠臣吗？忠臣为什么斗不过太监？我觉得，就差在"格物"格不过那些奸臣、太监！

唐代大太监鱼朝恩的徒子、徒孙问他：你这一辈子，皇上对你言听计从，这么风光，有什么窍门没有？他告诉这些小太监们："不能让皇上闲着。"为什么呢？因为皇上一闲着，没事干时就可能要读书，他一读书就会亲近读书人。皇上读书也难免有疑问、有困惑，就得找朝中大臣解释，因为太监大都不识字啊！皇上经常和这些大臣们在一起，就会听他们的而不听太监的了。所以鱼朝恩传授的秘诀是，不能让皇帝闲着，要把皇帝的日程排满，早上打猎、下午斗鸡、晚上喝酒，不管是什么，总之要把他的日程排满，让他没时间读书。这样他就跟着太监走了，大臣们想见他都见不到。因为皇上忙，就没有时间处理政务了，自然就交给他身边的太监们代劳了。

鱼朝恩说出了历代专权的宦官的诀窍。实际上我们想一想，这就是儒家说的"格物"啊。鱼朝恩把人揣摩明白了。

作为儒家学者，要想保证自己有提倡正能量的机会，有造福苍生的机会，首先要"格物"，然后才能打败那些提倡负能量的人。如果你没有"格物"的本事，只知道"诚意正心"，在实践中也是没有作用的。有人认为儒家的东西只是提倡道德修养的，这是只看到了"诚意正心"这一面，没有注意到儒家的修身还有"格物致知"这一面。通过对《大学》的解读可以看出，这种理解显然是错误的，是对儒家的误解。

"八目"的前四目结合得非常密切，可以说是"术"和

"道"的关系。"格物致知"是"术"，是方法论；"诚意正心"是"道"，是个人修养。我以前强调过，要以道驭术，要以"诚意正心"的修养为指导，运用"格物致知"的方法，两者缺一不可。就是有正确的出发点、正确的态度、正确的思想，以此为指导了解人、获得真正的知识、解决具体问题，这才是正确的儒家的修身。

下面是曾子对"诚意"的阐释，是《大学》传的部分的第六章。

所谓诚其意者，毋自欺也，如恶恶臭，如好好色。此之谓自谦。故君子必慎其独也。

什么是"诚意"？什么是端正自己的意念？曾子首先用一句话来解释——"毋自欺也"，就是不要自己欺骗自己。然后他做了个比喻——"如恶恶臭，如好好色"，就好像讨厌恶气味一样，就好像喜欢美色一样。这个比喻是说在这两个方面，我们最容易知道自己内心的真实想法，是不会自欺的。

所谓"毋自欺"，就是外在表现与内心的真实感受是一致的，就像闻到不好的气味或是见到美色，所自然表露出来的那样。

"谦"，古人一般认为通"慊"，其意义古人有两种不同的解释。一种认为是快、足，另一种认为是恨、少。古人认为将此两种意义结合起来才是最正确的解释，就是"恨而必欲快，少而必欲足"。意思是，恨自己做得不到位，因而一定要尽快地做到位；恨自己做得少，因而一定要尽可能地做到位。做什么？"诚意"。这段内容曾子主要就是阐释"诚意"的。

"自谦"与"自欺"是正相反的，不仅不是欺骗自己，能够认识到自己内心真正的想法和需求，而且尽全力、尽快地去满足自己内心的需要，真正跟着自己的心走。套用一句当下的话来讲，就是要学会倾听内心的声音。联系上文，意思是，就像闻到不好的气味和见到美色那样，让自己内心真实的想法自然地流露出来，这叫作满足自我。这才是真正的"诚意"，这才是不欺骗自己。

"慎独"在古代是一个非常有名的概念，按字面理解，就是慎重地对待自己独自一个人的时候。什么意思？当你一个人的时候，就是没有其他人看着你的时候，没有外在监督的时候，这才是道德修养经历严重挑战的时候。

在众目睽睽之下，我们一般都能克制自己的私欲，按照内心真实的感受去行动，捡到钱，都会交还失主；如果没有了外在的监督，只有你一个人的时候，没有人知道你捡到十万元钱，你还会交还失主吗？这时候我们会出现激烈的思想斗争了吧？一方面，是内心真实的感受，告诉我们应该还给失主，这是我们先天善良本性的浮现，古人称之为"天"；另一方面，我们也有着强烈的欲望，要据为己有，这是人的私欲的体现，古人称之为"人"。这种思想斗争，古人称之为"天人之战"。

这种时候，就是修行的关键时刻了。如果"天人之战"的结果是"天"战胜了"人"，我们遵循内心真实的感受，遵循先天的善良本性，最终把钱还给失主了，这就是修行方面的进步；如果是"人"战胜了"天"，将钱据为己有了，这就是修行上的退步，就是"自欺"。因为我们得想各种理由骗自己，证明自己可以留下这笔钱，或是麻痹自己、有意让自己不再想这件事。总之这钱花着不会心安，这不就是自己欺骗自己吗？

因为独自一个人的时候，修行常常会经受严重的考验，所以古人才强调"慎独"。要按照儒家修身方式修行的君子，一定要"慎独"。经过"慎独"方面的修行，才能保证在"天人之战"中"天"一直胜出，让内心真实的感受自然流露，这才是做到了"诚意"。

"故君子必慎其独也"这句话，在此章中出现了两遍，以这句话为结束句，可以将上文分为两个部分。第一句"故君子必慎其独也"总结的内容，曾子是从正面讲"诚意"和"慎独"；第二句"故君子必慎其独也"总结的内容，曾子是从反面讲"诚意"和"慎独"。主题是一个，只是从不同的角度进行阐释。

小人闲居为不善，无所不至，见君子而后厌然揜其不善而著其善，人之视己如见其肺肝然，则何益矣。此谓诚于中，形于外，故君子必慎其独也。

"小人"指不进行道德修养的人，或是品德不好的人；"闲居"指平日、日常；"为"是做的意思；"不善"是不好的事情；"无所不至"的意思是什么都做得出来；"厌然"是收敛的样子。这句话说的是品行不好的人，平常做不好的事情，什么都做得出来，见到强调道德修养的君子之后，才知道有所收敛，把自己不好的一面掩藏起来，而把自己好的一面展现出来。

这里曾子是在阐释"诚意"，重点在突出"诚"字。君子、小人的外在表现都是善。向众人展现自己的丑恶的人毕竟是极其罕见的。但是，君子表现出来的善，出于诚；小人表现出来的善，出于伪。君子的善，经过"慎独"的修炼，是内心先天善良本性的自然流露；小人没有经历"慎独"的修炼，放纵自己的欲望，"无所不至"，早已经把先天的善良本性蒙蔽了。他的善是伪装的，是做给人看的，尤其是做给君子看的。

"人之初，性本善"，而且"性相近"。人的善良本性都是相近的、差不多的，君子、小人的分水岭就在"慎独"。君子慎重地对待自己一个人的时候，此时的修养使他能够克制自己的私欲，保存自己的善良本性，并使之自然流露；小人不会慎独，最开始就是在没有外在监督的时候，偶尔放纵一下自己的欲望。天长日久，私欲越来越强，就将自己的善良本性打压下去了。到最后，为了私欲什么事都干了，"无所不至"。为什么曾子说了两遍"故君子必慎其独也"？他是在强调"慎独"的修养，因为这是君子和小人的分水岭。

为什么强调"诚"？因为"伪"实际上是骗不了人的。小人见到君子之后才表现出来的善是伪装的善，如果他不是发自内心的，他人是一眼就可以看破的。小人不知道，"人之视己"，就如同能看见他的肺和肝那样，就是能把他完全看透，能把他的伪装完全识破，这叫"如见其肺肝然"。

如果不能做到"诚意"、端正自己的出发点，不能做到从自己内心的真实感受出发，仅仅是伪装为善，早晚是会被人看穿的。所以接下来曾子问了一句"则何益矣"，那么这种伪装对你有什么益处呢？

如果你真能把这件事儿想明白，知道伪装无用，那么就应该加强自己的修养，去修"诚意"、修"慎独"。内心真诚，才能具有相应的外在表现。这就是"此谓诚于中，形于外"。也可以说，"诚"首先是要真诚面对自己的内心，然后才能有真诚的外在表现。不能真诚面对自己的内心，却去追求对他人诚，结果必然是类似于表演，或者干脆就是小人的伪装，是不可能取信于人的。

我们还应该注意到，曾子是在阐释"诚意"的时候提出

"慎独"这个概念的，他是在暗示我们："慎独"与"意"有关。换句话说，"慎独"不仅仅是指独自一个人的时候，那是身体方面的"独"。"慎独"还指没有表达出来的想法、意念。这些东西也是唯独自己才知道的，别人都是看不见的，这也是一种"独"。从这个角度去理解，"慎独"也指慎重地对待你的起心动念，就是你的动机、你的思想。

大家只能看到你怎样做这件事，如果你不说，没有人知道你做这件事的出发点是什么，这就是一种"独"，就是需要我们慎重对待的地方。应该怎么做呢？就是"诚意"，端正自己的出发点，端正自己的思想，这才能做到"慎独"。

不要以为你不说就真的没人知道，你内心到底是一种什么态度、什么情感，他人都是可以感觉到的。因为内心的真实想法会在你不经意之间流露出来，这也是"诚于中，形于外"。

曾子曰："十目所视，十手所指，其严乎！"富润屋，德润身，心广体胖，故君子必诚其意。

这里引了一句曾子的话，所以古人才认为《大学》的十章传文部分是曾子讲的，由曾子的弟子们记录下来的。

曾子说，就好像十只眼睛看着你、十只手指着你那样，这不是很严重的事情吗？意思是，不要以为你现在是一个人，做什么大家都看不到；不要以为你不说，就没有人知道你的动机和想法；更不要以为你可以通过伪装、表演瞒过他人。其实，你试图去隐瞒的动机和想法、你独自一个人的时候的所作所为，在他人眼里都是非常明显的事情，就像是在十只眼睛看着、十个手指着的情况下做的这一切那样，你的一切早已经暴露在众目睽睽之下了。如果想明白这些，你再试图做一些见不得光的事情时，不会觉得这是非常严重的事情吗？

曾子既是在阐释一个事实、一个实际情况，也是在教我们一种修"慎独"的方法。怎么保证独自一人的时候不作恶？当你动了坏念头的时候，你的意不诚的时候，就想一想下面要做的不善的事情是瞒不住的。你觉得没人看见，是一个人偷偷做的，实际上，暗中有十只眼睛看着你呢，有十只手指着你呢。想到这些，就会对你的私欲起到遏制作用。显然，这也是修"慎独"的一种方法。

最后，曾子举了个例子，来进一步说明"诚于中，形于外"。一家人富裕起来了，就会修房子、装饰房子，这叫"富润屋"，其内在的富，会外在地表现在房子上面。如果你进行品德修养，美德得到增加，也必然会有外在的表现，是美德在滋润你的身体，这叫"德润身"。"广"就是宽，"心广体胖"就是今天我们说的心宽体胖，如果心宽，这是内在的，就会体胖，这是心宽的外在表现。

说句玩笑话，现在很多人想尽一切办法减肥，却减不下来，为什么？由这句话来看，就是日子过得太滋润了，心态太好了，因为心宽，也没有愁事、烦心事，自然也就瘦不下来了。

这是按现在的字面意思进行解释。实际上，"胖"意思是舒泰；"心广体胖"的意思是心胸宽广的外在益处是身体舒泰。宋朝人楼钥曾有一首诗："但使心如水在盘，坐令四体自然胖。有人来问安心法，将汝心来与汝安。"显然，"胖"应该读"pán"，否则就不押韵了。开句玩笑说，修心也是健身，心宽的人自然病少，身体康泰。

曾子举的例子"富润屋，德润身，心广体胖"，都是为了说明"诚于中，形于外"，内在的东西会有相应的外在表现，是瞒不了人的。

　　然后曾子做了一句总结："故君子必诚其意。"所以君子才一定要使自己"诚意"，要修"诚意"。将内在修好了，自然会有好的外在体现，使身边的人都能感受到，这就能使事情向好的方面发展了。这是"诚意"。曾子的解释关键是在"诚"字上。

　　下面是曾子对"正心"的阐释，是《大学》传的部分的第七章。

　　所谓修身在正其心者，身有所忿懥则不得其正，有所恐惧则不得其正，有所好乐则不得其正，有所忧患则不得其正。

　　"所谓修身在正其心"，曾子认为，修身的关键就是"正心"。接下来曾子举了四个例子——人在愤怒的时候、恐惧的时候、高兴的时候、忧虑的时候，心都是"不正"的。

　　这里曾子是在阐释"八目"的第五目"修身"。在我看来，修身不是一个独立的目，修身是对前四目的总结。什么叫修身？就是要做到前四目——格物、致知、诚意、正心。

　　这几点谈起来容易，要做到是很难的。我们可以举一个例子，就说第一目"格物"的第一个层面，我们在经部讲过的，就是了解自己。你了解自己的真实想法吗？

　　《孟子》一书中记载了一个典型的不了解自己内心真实想法的案例。

　　有一次，要杀牛祭祀，齐国的国王看到牛恐惧的样子，觉得很可怜，就说把牛放了吧。手下人问：那就不祭祀了吗？国王说，换只羊吧。后来孟子问国王：你当时到底是什么心态呢？国王说不清楚。孟子说，外边都传说您太吝啬。为什么呢？牛值钱，换只羊，杀个便宜点儿的去祭祀。国王当然不认可：作为国王，我还能差一头牛吗？我当时肯定不是这样想的，不是这个心态。那您是怎么想的呢？国王自己也不知道自己内心的真实想法是什么了。最后是孟子帮他分析。孟子说，您这就是仁爱之心的体现。为什么拿羊把牛换了？因为您看见那头牛了，可怜它，您的爱心在牛身上体现出来，杀羊那天您没看见。所以您的爱心体现在牛身上，用羊换牛。国王自己都弄不清楚做这个事情时自己内心真实的想法是什么，动机是什么，还要孟子帮忙分析，才觉得是这样。

从儒家的角度来讲，要想了解他人的真实心理，首先要了解自己的真实心理，将心比心。这就需要"诚意正心"，然后做到"格物致知"，如果没有"正心"，就做不到"格物致知"。就像曾子举的四个例子，人在愤怒、恐惧、高兴、忧虑的情况下心态是不正常的。在这种情况下，根本不可能对他人有正确的了解和评价。"诚意正心"才能做到"格物致知"，人与人之间的交往，要做到"正心"，才能了解自己和他人的真实想法。

如果做不到"诚意正心"，还有一种可能，是"以小人之心度君子之腹"。自己不"诚意正心"，然后去揣摩别人是怎么想的。方法和君子一样，也是将心比心，结果是他用自己内心的坏想法去怀疑别人。每次和朋友一起吃饭，到结账的时候他就上厕所，所以他用这个龌龊的心理去揣测别人，看人家上厕所，心里就怀疑人家是要躲避买单，实际上人家只是上厕所。这就叫"以小人之心度君子之腹"，对他人的猜测完全是错的。

所以要想真正了解人，首先要做到"诚意正心"，然后才能做到"格物致知"，把自己的心态端正了，才能真正理解他人，否则对他人的理解就是有偏差的。

这是儒家讲的修身。所谓修身，关键就是"诚意""正心""格物""致知"。能端正好自己的心态，又能了解人，在儒家看来，修养就过关了。为什么？能做到"诚意正心"，内心没有乱七八糟的想法，就是一个好人。人品好就能得到周边人的认可，理顺人际关系的可能性就占百分之八十以上了。再加上"格物致知"，能理解自己的心，也能理解别人的心，在这个基础上和人交往，肯定能和他人相处得非常好。大家都评价你是个好人，而且都愿意和你交往，你的人脉非常顺畅，事业的成功也就指日可待了。

这个部分我们为什么结合"格物""致知""诚意""正心"来讲呢？曾子最后还有一句话"此谓修身在正其心"，意思是说修身最主要的体现就是正心，所以曾子在这里重点讲"正心"。先了解自己内心真实的想法，端正自己的心态，端正自己的出发点，这是儒家修行方式的起点。

如果不理解这一点，你看《大学》时就会觉得中间好像漏了一段，为什么没讲修身就讲到齐家了？曾子是将"修身"和"正心"结合起来讲的。

心不在焉，视而不见，听而不闻，食而不知其味。此谓修身在正其心。

如果心不放在这个事情上，即使眼睛看见了，实际上也没反应过来，等于没看见，即使是在听也听不到，吃东西也吃不出滋味来。曾子举了三个例子，说的都是心没放在这个事上。为什么"视而不见"？熟人从对面过来，就是没看见，不是视力的问题，是心没放在这儿；为什么"听而不闻"？也不是听力的问题，是因为你心在别处；吃饭为什么吃不出滋味来？因为吃的时候心没放在吃饭上。曾子用这三个例子告诉我们心的重要性，就是要注意力集中、关注、专注。

什么叫"正心"？不仅仅是端正你的心，不要有歪门邪道的想法，而是要以"仁者爱人"为出发点。"正心"还有另一方面的含义，就是做任何事情都要把心放在这个事情上，否则你就会"视而不见，听而不闻，食而不知其味"，事情是做不好的。如果想做这个事情，就得把心放在这个事情上，不要分散注意力，这样才能把事情做好。这是正心的另一个层面，讲做事的专注。

人生中大多数的事情，表面上体现为能力素质的问题，实际上就是心在不在的问题。真正需要能力素质的工作有没有？有，但不多。现在让你研究原子弹，你肯定是能力不足，没那技术，没那知识。但是在人生中，这样的事情是少数。

我们反思一下，日常生活中需要我们去做的事，需要我们去处理的问题，哪些是超出我们能力范围之外的？我们再反思一下，我们人生当中没办成的那些事，究竟有几件是因为能力素质低把握不了的？这样的事情是非常非常少的！那么，人生的挫折、失败，最根本的原因是什么？心不在焉！没有全力以赴，没有专注，没有把所有的精力都用上去，没有认认真真地去做这件事情。总之一句话，人生没有成功的最主要原因是自己"心不在焉"。

这也是儒家强调"正心"的原因。这个事情，要么不做，一旦做，就要全力以赴且专注。否则，你就是在浪费生命。这实际上是当下社会的一大弊端、一大毛病，我们说中国人现在比较浮躁，就是做事情不专注！儒家修行、修身的很重要的层面就在于"正心"，不能"心不在焉"。

说到做事情的认真和专注，汉代有一个非常极端的例子。

西汉的石奋，在汉景帝时官至九卿，为二千石的高官。汉朝官员以粮食计算俸禄，年收入二千石粮食的属于高级官员，大体相当于今天省长级别的汉朝的郡守，就是二千石官。石奋还在世的时候，他的四个儿子也都当上了二千石的高官，因此石奋被称为"万石君"。有一次，他的小儿子石庆为皇帝赶车，皇帝偶然间问了一句：驾这车的是几匹马？正常来讲，张口就来：六匹。为什么？皇帝的马车向来套六匹马啊。但是石庆没有马上回答，而是拿着马鞭子点着马数了一下，然后告诉皇帝：六匹。

这是一个相当极端的例子。说明什么问题？做事认真，一点都不随意，一点都不想当然，任何事情都较真落实，一丝不苟。而史书上说，石家就数这个石庆是做事比较随便的。由此我们可以想象一下，这个石家的人做事是多么严谨！能同时出五位二千石的高官，真是有原因的啊！

如果人生所有的事情都拿出这个劲头去处理，怎么可能不成功？但是，我们回过头来再想一想，我们人生中遇到的事情，有几件是像石庆数马似的认认真真处理的？别说小事，就是面对人生重大决策，面对人生非常重要的事情时，你有没有这个认真劲儿？

我的经验是，不论什么事情，做到令自己百分之百满意的，若是让其他人打分的话，大概也就能给八十分。如果自己觉得这件事做到了八十分，那在他人看来就是不及格了。"正心"的一个很重要的层面应该就是专注、认真，将事情做到令自己百分之百满意。

因此，将"正心"简单地理解为端正思想是片面的，"正心"还包括做事情专注认真，能百分之百地尽力。用我们今天的话说，"正心"正的是心态。"正心"不仅包括端正思想，还有态度，做人的态度和做事的态度。

记得有一年，网络上批评一些大学生去人才市场参加招聘会居然没有穿正装，我觉得这个批评是非常正确的。求职，是人生的一件大事，你居然穿便装去，能力素质如何且不说，首先态度就不对。不是说穿西服的就比穿夹克的水平高，但这是一种心态的外在体现。在着装上非常随意，说明你并不重视这件事，态度很不认真。对于人生这样一个关键性的事情都不认真，还有什么事情能让你认真？我们公司如果把你聘进来，对公司的事情你能认真吗？这就是一种心态。

《论语》上讲的"出门如见大宾"，表现的就是这个认真劲儿。如果对事情都能拿出我刚才说的石庆数马的认真、落实的态度，你的人生必然走向成功。今天为什么百分之九十九的人是不成功的呢？因为我们对百分之九十九的事情都是不认真的。这才是问题的关键。所以儒家强调，"正心"就是专注，这是修身的重要组成部分。

我们从学以致用的角度来讲。怎样考察你的员工？这有一个很重要的标准，就要看他做事情是不是认真，是不是全力以赴，是不是很专注地在做。如果他觉得这件事都做到这份儿上了，老板还挑什么毛病呀？这就是一个心态。这件事可能做到这种程度是没问题的，但是，如果养成了这种心态可就麻烦了，那终究是会栽跟头的。就拿我们刚才举的例子来说，明明知道是六匹马，为什么还要数？不能养成一种随意的心态，这才是问题的关键。

人是有惰性的。如果养成了得过且过、对付糊弄的习惯，最后想认真都认真不起来；如果养成了认真的习惯，对任何事都不糊弄，慢慢地做事情就能有板有眼了。

我再举一个例子，比方说读书，不说读的内容，就说挑错别字，有人就是挑不出来，为什么？是他看得不认真吗？假设我们举行挑错别字比赛，谁能不认真？但结果呢，这篇文章里有意设计了十个错别字，结果是有人能挑出十个，有人能挑出九个，有人能挑出八个。为什么呢？不是不认真，只是因为习惯。只有平时读书一个字一个字看得很认真的人，比赛时才能把错别字都挑出来，平时看书已经习惯了不认真的，比赛时再怎么想认真，也不可能全挑出来。这就是习惯的作用。一旦养成习惯，想改是很难的。

从实用的角度来说，这固然是老板考察员工的方法，同样也是员工获得老板欣赏的方法。怎么能让老板欣赏你？上面讲的"正心"就是窍门。不在于溜须拍马、阿谀奉承，或者给老板送多少礼，他交代的事情你能做得认真到位才是关键。

这也就是儒家提倡的"忠"。什么是"忠"？就是尽心尽力。比如说，我忠于党的教育事业，就是我对党的教育事业尽心尽力。怎样才能做到尽心尽力呢？养成认真的习惯。有很多员工，他不是不想尽心尽力，但已经养成了马马虎虎的习惯，想认真也认真不起来了。那怎么办？从小事做起，就像我刚才举的例子，连数马这么一件小事都不轻率地对待，这样一点点去修，修"诚意正心"，修出对事情的专注、尽心尽力，养成认真、专注的习惯。好习惯一旦养成，就会习惯成自然，就不用再强迫自己认真了。因为你做每一件事情都会认真，这样你就成为大家最欣赏的那种人了。

本章的最后一句"此谓修身在正其心"，讲修身的关键是正心。如果做不到这两个字，儒家修养就没有做到位，就不会在现实生活中给自己带来益处。

"正心"，我们要从两个方面去解读：一方面是端正思想，另一方面是心态认真专注。上面这段话表面上谈的是"正心"，实际上已经是在讲修身了。下面一章就顺着这个思路谈下去，涉及齐家了。

第十一讲　曾子说齐家

下面是曾子对"齐家"的阐释，是《大学》传的部分的第八章。

所谓齐其家在修其身者，人之其所亲爱而辟焉，之其所贱恶而辟焉，之其所畏敬而辟焉，之其所哀矜而辟焉，之其所敖惰而辟焉，故好而知其恶、恶而知其美者，天下鲜矣。故谚有之曰："人莫知其子之恶，莫知其苗之硕。"此谓身不修不可以齐其家。

开头部分，表面上还是在讲修身，但实际上说的是"齐家"需要注意的事项，把"修身""齐家"结合起来谈。如果你不理解《大学》的体例，读到两个自然段之间，你会觉得是不是落了什么内容。上面讲"正心"，底下就讲"齐家"了，没说修身啊！修身不是一个独立的目，修身就是格物、致知、诚意、正心，同时修身又构成后三目"齐家""治国""平天下"的基础。只有修好身，才具备齐家、治国、平天下的能力。修身这个目极其特殊，因此在行文上，也没有单独拿一章来讲，而是将修身解析开。其上面和"诚意""正心"特别是和"正心"联系起来，下面和"齐家"联系起来，这种行文特点与要表达的思想是吻合的。

　　"所谓齐其家在修其身者"，字面意思是，要想把家治理好，首先得修好身。然后下面谈到，"修身"和"齐家"的五个需要注意的方面，而这五个方面还是和"正心"有关系。

　　下面五句的句式都是一样的。"之"字在这里的用法非常特殊，和"于"是一个意思；"辟"是通假字，通"僻"，就是偏。"人之其所亲爱而辟焉"，意思是人对于他所喜欢的、亲近的人心就偏了，就不能"正心"了。下面四句，分别提到"贱恶""畏敬""哀矜""敖惰"，就是人对于他所讨厌的、尊敬的、怜悯的、傲慢的人，心就偏了，就不能端正态度了，看人就不能客观了。曾子举了五个例子，说明一个人面对这五种人的时候容易心摆不正。这五个例子涵盖很广，几乎包括了人与人相处的所有情况。

　　我们经常接触的人，如果分分类，不外乎是这五类。第一类"亲爱"，是你喜欢的人。"亲"，你愿意和他亲近；"爱"，你爱他，你喜欢他。第二类"贱恶"，是你看不起和讨厌的人。"贱"，你认为这个人低贱、下贱，所以看不起他；"恶"，你讨厌的。第三类"畏敬"，就是你敬畏的人。"畏"是你有一点儿怕他，"敬"是尊敬，两者有联系，是由敬生畏。第四类"哀矜"，是你可怜的人。"哀"是可怜，"矜"是同情。第五类"敖惰"，在他人面前是一个傲慢的态度。想一想，你与人接触时，不外乎是这五种态度吧。

　　这五种态度可以分为两两一对，五个实际上是两对半。"亲爱"和"贱恶"是一对，正好相反。"敬畏"和"敖惰"是一对。"敬畏"是你和这个人接触的时候，把自己放在低的位置，你尊敬他，或者你害怕他；"敖惰"正相反，你和这人接触的时候，把自己放在比他高的位置上，在他面前表现得盛气凌人、傲慢，或者用我们今天的话说，你的气场压着他。"怜悯"单独是一个。

我们所接触的人，我们与人接触时的心态，不外乎是这五种。当然，这里指与你交往的人，你在马路上碰见的人不算。比如，在马路上过来一个向你问路的，你觉得当时心态非常平和，但那属于偶遇，不属于这五种心态。儒家讲修身，是为了解决人际关系的，是针对和你相处的人、经常来往的人，这样的人对你的人生和事业才是有意义的。在马路上碰到的问路的，与你的人生和事业无关，不在其中。换句话说，你需要去调解和他的关系的，不外乎是这五种情况。

曾子指出，在上述五种情况下，人都会"辟"，即心偏。心摆不正，会不客观、不公正。也就是说，当你处理人际关系时，只要对人产生亲爱、敬畏、厌恶、怜悯、傲慢等情感，心就不正了，就不能客观地看这个人，也就不能客观地看与这个人相关的事了，处理问题就容易出现偏差。

比如，对于亲爱的人，你会经常自动屏蔽他的毛病和缺点，这就是心不正了。"诚意正心"是"格物致知"的前提，你的心不正了，就不能真正了解这个人了，看人就看不准了。为什么？因为你喜欢他，导致你心不正。如果这个人你很讨厌呢？你就自动屏蔽他的优点，心也不正。如果这个人你瞧不起他，也会自动屏蔽他的优点，认为这个人能力素质极差，干什么都不行，这时你的心也不正。如果你有这种傲惰之心，人家某件事办得非常漂亮，结果你就自动把这件事忘了、屏蔽了，你还会认为人家的能力素质不行。因为你的心里专门记着他办砸的那些事，你的心也不正。

这五个场景，几乎涵盖了我们所有的人际关系。实际上，曾子要表达的意思是，你的情感会影响你对人的客观认识。这也就是"正心"的重要性。"正心"就是要把自己的情感放在一边，非常冷静、客观、公正地去分析这个人，才有可能真正了解这个人。

在举了五个例子、告诉我们这个道理之后，曾子做了一个总结："故好而知其恶、恶而知其美者，天下鲜矣。"因此说，喜欢一个人，却清楚他的缺点和错误，知道他不好的一面；讨厌一个人，却清楚他好的一面，能做到这一点的人，就是放眼天下来看也是非常少的。正是因为少，所以才看出修行的重要性。

儒家修行的前四目——格物、致知、诚意、正心的作用就体现出来了。如果不认真进行自我修炼，就会受到亲爱、贱恶、敬畏、哀矜、敖惰等情感的影响，受自己的情绪左右，对人、对事就不能有客观公正的认识和准确的把握。

人生要想走向成功，必须理顺人际关系，把握好人脉。怎么能把握好人脉呢？必须充分地、正确地了解人。如何能做到准确地了解他人呢？必须不受亲爱、敬畏、厌恶、怜悯、傲慢等情感的影响，才能客观、冷静地看人看事，才能准确地了解他人、理解事情。怎么能不受情感影响呢？要先"正心"，先修心。

再说一个细节。《大学》在上一个自然段"所谓修身在正其心"下面讲"身有所忿懥则不得其正，有所恐惧则不得其正，有所好乐则不得其正，有所忧患则不得其正"。愤怒、恐惧、好乐、忧患，都是人的情绪。而本自然段谈的是亲爱、贱恶、敬畏、哀矜、敖惰，也都是人的情感。情感是指向某一个人的，是相对持久的；而情绪往往是因事情而起的，是相对短暂的。《大学》里曾子已经清晰地将情绪和情感分开来讲，可见古人对此问题的认识是非常深刻的。

身有所忿懥、恐惧、好乐、忧患则不得其正，是什么不得其正？能是身吗？显然应该是心。也就是说，情绪会影响我们"正心"。情绪上来了心就不正了。谈到情感的时候，曾子用了一个"辟"字，就是偏。情绪导致心不正，情感导致心偏。笼统地说，不正就是偏，但细想一想，两者还是有区别的。不正是心不在它应该在的位置上，固然也是偏，但心还处在动态之中，是在四处乱跑的状态；而心偏呢，就是停留在偏的状态了。乱动的心，就是"放心"，想把它拉回到它应该在的位置相对要容易一些；已经停留在一个偏的位置不动的心，想把它拉回到它应该的位置，相对就要难得多了。曾子显然是在暗示我们：情感对"正心"的影响要大于情绪。情绪对"正心"的影响毕竟是短暂的，情绪一过，比较容易回到"正心"的状态；而情感对"正心"的影响则是持久的，情感会使我们固执地停留在心偏的状态。

我们谈到情，认为其包括情感、情绪两个方面，就是本着曾子的思路来谈的。《大学》原文中就是将情绪和情感分开谈的，这一点我们要注意。

为什么前几个自然段不说这事儿，而要在这里说？前面几个自然段讲的是"格物""致知""诚意""正心"这四目，是可以独立完成的，不和人接触也可以修，都可以以自我反思的方式进行，但到修身之后的"齐家""治国""平天下"，就必须与人互动了。后四目必须在与人的互动过程中才能完成修行，独自一个人是修不了的。

为什么到这里才谈要控制情绪和情感这个问题，前几个自然段为什么不讲？因为讲到和人的互动了，从修身开始，后面这四目谈的是人与人之间的互动。在你与人接触、互动的过程中，一定要注意不要跟着情绪走，一旦受情绪左右，心就不正了。做不到"正心"，"格物致知"就肯定出偏差，修身、齐家、治国、平天下就统统做不到了，人生就一团糟了。

当然，也可以从反面去理解。要想人生永远纠结，那你就跟着感觉走，跟着情绪走。放纵自己的情绪，就是追求人生永远的纠结。

把这个问题放在这里谈，可见曾子的行文是非常讲究的。文章到这里，实际上是在暗示你要开始人和人的互动了。在人和人交往的时候，在这个动态的环境里，怎样才能够客观地了解和把握他人？首先要做到不受自己情绪左右，不受自己情感影响。这也是强调修行的重要性。对于"正心"，这里做了一个补充，"正心"就是不被自己的情感牵着鼻子走。所以，到这里才可以说曾子把"正心"讲完了。"正心"不是我们刚才说的两个方面，而是三个方面。第一是端正思想、端正态度；第二是养成认真、专注的习惯；第三是在与人互动的时候，不受情感左右。修"正心"，要从这三个方面入手。

修"正心"的三个方面，方法是不一样的。先说情绪和情感。

情感是深层次的，比较稳定；情绪是表层的，易于变化。比如，如果你对某人的情感是亲爱，你喜欢他、爱他，这种情感会深深地扎根在你的心中，会持续很长一段时间，绝不会今天对他的情感是亲爱，明天对他的情感是贱恶，后天对他的情感又变成哀矜了。情感是比较稳定的。情绪却是易变的，不会以天为单位保持一种情绪吧，你可以一会儿高兴、一会儿忧虑，甚至在不到半天的时间里，经历喜、怒、哀、乐、悲、恐、惊，遍尝七情。

情感和情绪也是有连带关系的。对某人，你的情感如果是亲爱，面对他的时候，你就容易生出"好乐"的情绪，比较容易产生高兴、愉快的情绪；对某人，你的情感是贱恶，面对他，你就容易产生愤怒的情绪。

虽然情感和情绪都影响我们"正心"，但这毕竟是两回事，所以修的方法是不一样的。要排除情感对"正心"的影响，该怎样修？实际上曾子已经暗示给我们了，就是上面解释过的"爱而知其恶，恶而知其美"。天下能做到的人非常罕见，但这就是我们修行的方向，也是我们修行的方法。很简单，就是对于你讨厌的人，要多去想想他的优点是什么；对于你喜欢的人，多去想想他的缺点有哪些。这样就能使我们变得相对客观，看人、看事就会越来越准确了。

可能有人会说，我就没发现这家伙有什么优点！你说这话的时候，要么是没动脑子，要么就是心已经不正了。人世间没有绝对的事情，不存在绝对的好，也不存在绝对的恶，这应该是我们思考问题的一个出发点。没有哪个人会一直作恶，从不做一点儿好事，也没有哪个人身上全是优点，没有任何缺点。人无完人嘛。

以处理夫妇关系为例。两口子吵架，越吵越生气，这时候满脑子里想的都是对方的缺点，越想越觉得他对不起自己。这样发展下去，家庭没法和谐，持续下去，婚姻都很难维持。这个时候最应该做的，是曾子说的"恶而知其美"。对妻子生气的时候，应该强迫自己去总结她的优点。最后一想，妻子有这么多优点，就今天这一件事惹我生气，我如果不能原谅，那我的心胸实在是太狭隘了！这样你就能发自内心地原谅妻子了，自然也就吵不起来了。这就是修心，让自己的心不受情感的影响。

下文曾子还引了一句当时的谚语"人莫知其子之恶，莫知其苗之硕"。人都不知道自己子女的缺点，都不知道自己地里的庄稼长得好。为什么？"人之其所亲爱而辟焉"，看自家孩子怎么看怎么好，因为亲爱，心就不正了，就看不到自己孩子的缺点了。"莫知其苗之硕"，不知道自己家地里的苗长得大、长得高，总看别人家的苗比自己家的长得好，这实际上说的是"之其所敖惰而辟焉"。当人傲慢之后，看问题就不准了。为什么你总是看人家好，不知足呢？因为有攀比心。

排除情感影响，简单说有上述两种方法。"爱而知其恶，恶而知其美"用于社会关系、工作关系；"莫知其子之恶，莫知其苗之硕"用于家庭关系、亲属关系，可以说，已经比较全面了。

那么，如何排除情绪对"正心"的影响呢？我们要从上一章的内容入手，先分析一下情绪产生的根源。影响"正心"的情绪，曾子举出了四种——忿懥、恐惧、好乐、忧患，我们一个一个地分析。

第一个：忿懥。当你生气也就是愤怒的时候，你的心肯定不正了。怒火上来之后，还能想到他的好吗？我们注意，这一点实际上可以归纳为一个"气"字。第一个影响我们"正心"的是"气"，怒气。

第二个：恐惧。指担忧、害怕。当你有所害怕、有所恐惧、有所忧虑的时候，心是不正的。人为什么会忧虑、会恐惧呢？往往是一个"疑"字导致的。疑神疑鬼，然后才会恐惧。走夜路的时候为什么害怕？疑神疑鬼、瞎想。所以恐惧对心的影响实际上产生于"疑"。

第三个：好乐。就是喜欢。这事儿你为什么喜欢？因为符合你的心意。没有人会喜欢不符合自己心愿的。欲望得到满足就高兴了、喜欢了。所以，好乐对心的影响源于"欲"。

第四个：忧患。就是患得患失，实际上体现的是一个"贪"字。为什么天天忧虑？因为贪。贪不纯粹是物质的，也可以是精神的，贪名、贪誉，这也是贪。因为贪，没有得到的时候担心得不到，得到之后又担心失去，一直处于忧患之中。所以，忧患对心的影响源于"贪"。

举个例子。比如说今天的这个课堂，你们很放松，我也很放松。如果现在电视台来采访，要现场录咱们一堂课，做一期节目。记者在这儿，摄像机、灯光都打开了，我还能这么随意吗？你们还能这么放松吗？马上就开始紧张了吧！为什么紧张啊？担心弄不好，担心砸牌子，担心出负面的评价，可以说是"患失"。但另一方面，也是想弄得好、想出名。这是"患得"，想得到。因为患得患失而紧张，一紧张，反而课讲不好了，讲的是什么大概你们也听不进去了。因为贪，导致"忧患"，导致心不正，结果事情的效果反而更不理想。

如果真的看开了，无所谓，就不紧张了。还是以我们上课为例。假如是我们自己要拍个小视频，就我们自己看，看完就删，不保存，现场一样也架上摄像机，也上来一位同学扮记者采访，场景与电视台采访我们是一模一样的。我们会紧张吗？我们会觉得这个对我们没有影响，然后就放下了，心是平和的、是正的。

分析一下曾子的解析，我们会发现，影响我们"正心"的情绪虽然可以细分成几个方面，但如果笼统地归纳一下，就是一个字：欲。因为你的私欲得不到满足，或者你跟着自己的私欲走，然后心就不能正了，就不能客观公正地看问题了。

因此在儒家的修行上，历代儒家学者都非常重视寡欲。我们常说清心寡欲，寡欲才能清心、才能"正心"。

但我们要注意，佛家和儒家在这点上的区别。两者都认识到了欲是影响人正确思维的关键，但两家的处理方法不一样。儒家要求寡欲，佛家要求灭欲。佛家是勇猛精进的，既然发现欲影响人正确思维，那就把它彻底消灭，这就是灭欲。儒家有所保留，不是要将欲灭掉，而是压制一下，将欲望控制在不影响人正确思考的范围之内。我们要追求的不是与欲望做斗争，而是能够正确思考。因此，对欲望的态度是，别让它影响我们正确思考，也就达到目的了，不一定要将欲望消灭掉。这是儒家的思考。佛教讲究的是解脱，因为欲望不仅影响人正确思考，更是人生痛苦的根源，存在欲望就还在六道轮回里边，要解脱就一定要消灭欲望。

为什么儒家不讲究灭欲？因为儒家认为灭欲是做不到的。第一，从操作层面来讲做不到。人就是由七情六欲构成的，如果将人的欲彻底灭除，人和植物就没有区别了。第二，即使能做到，也是没有意义的。为什么？儒家是入世的学说，修行的目的不是达到涅槃，而是在今世走向成功。如果把欲灭掉，无欲无求，也就没有了走向成功的动力，还怎么可能成功？佛家可以讲灭欲，是因为佛家要追求涅槃，灭除七情六欲，超出三界生死，最后达到一个无喜无悲的永恒境界，要达到那个境界，还必须灭欲。

所以，这一个字的区别，一个是"寡"字、一个是"灭"字，是儒家和佛家思想体系的分水岭，也是两家修行方法的分水岭。从这里走下去，是两条岔路，两者的差距就越来越远了。

儒家的修行强调寡欲。《礼记》中有一句话"欲不可纵"，是标准的儒家的态度，就是不要放纵你的欲望。人的私欲是不可以放纵的，要将其压制在一定的范围内，不能任其发展。所以说：欲如野火，不遏将燎原。

儒家怎样正心、修心？上面说的就是第一种方法：寡欲。寡欲才能使人沉下来，才能知足常乐、心态平和，然后才能"正心"。这是"正心"的第一个方法。

"正心"的第二个方法是儒家的修养讲的"君子不言利而利在其中",也就是老子说的"夫唯不争,故天下莫能与之争"。表面上看,这个人不和你争名不和你争利,好处都给了你们,但最后他能达到的高度你们谁都达不到。

儒家不是不求利,只是不以追求利的方法去求利,而是以追求自我修养的方法去求利。所以《大学》的最后一句是:"国不以利为利,以义为利也。"在儒家看来,按照《大学》这一套方法去修行,只要修到位了,利益自然来,不用追求,因为那是修行的副产品。只要去修行、去自我完善,利就在其中。这是第二个儒家的修行方法。

"正心"的修养,第一要做到寡欲,第二要做到不完全以利为出发点,第三要做到"中"和"和",就是将情绪控制在适度的范围内。这句话在《中庸》里。

我认为,儒家的"四书",《大学》和《中庸》可以说是姊妹篇,《中庸》几乎是接着《大学》往下讲的。《中庸》第一段的两句话是:"喜怒哀乐之未发谓之中,发而皆中节谓之和。"意思是,喜怒哀乐这些情绪,在人的内心当中不体现出来的时候,叫作"中";心里生气,但是没有发怒,没有表现出来,这叫"中"。"发而皆中节谓之和",情绪表达出来了,但是把它控制在一个适度的范围内,这叫作"和"。

比如,上课时我讲了个笑话,你心里感觉可笑,但外表没什么反应,这叫"中"。我讲了个笑话,你心里觉得可笑,你也笑出来了,但笑得不过分,这叫"和"。

《中庸》接着讲:"中也者,天下之大本也;和也者,天下之达道也。"能做到"中",是根本;做到"和",是达道,即最正确的方法。人生的喜怒哀乐这些情绪能收敛在内心,这是根本。情绪的表达要追求适度。换句话说,要用你的心来制约你的情绪，而不是用你的情绪控制、影响你的心。这才是"正心"。

这是修"正心"的第三个方法，追求情绪的适当、适度表达，用心控制情绪，而不能让情绪控制心。因为《大学》里没讲，我们这里就不展开了。

最后一句总结"此谓身不修不可以齐其家"，意思是如果不修身，就不能做到齐家。

有人可能会问，这一章曾子哪里讲到"齐家"了？人与人之间的互动是"齐家"的根本，这一章讲的就是互动啊！能够"正心"，就能把人与人之间的互动处理好。家庭内部人与人的互动关系处理好了，家自然就和谐了，就做到了"齐家"。归根结底，"齐家"还是一个"正心"的问题。

我们会发现，很多人在社交场合能把人脉理得相当顺，就是和妻子相处不好，原因在哪里呢？没"正心"。当然这不是说他一定有什么不好的想法。当他走到社会上的时候，知道"格物、致知、诚意、正心"，能认认真真地和人家交往，人际关系自然理顺了；可是回到家面对妻子的时候，格、致、诚、正都不做了，结果就和妻子关系紧张了。

可能他的想法是：出去伪装一天了，回家我得本色出演了，老夫老妻的，还装什么！因为"格物、致知、诚意、正心"都没有，就容易把关系处僵。在外面是人与人的互动，回家和妻子还是人与人之间的互动，道理都是一样的。只要把"诚意、正心、格物、致知"搞明白了，家就能治好，关键是你做不做。

今天家庭内部不和谐的，多数是因为这个。没有去做，没有致力于家庭内部的"格物""致知"，这才是最重要的。如果拿出和客户接触的那个认真劲儿去和家人沟通，那是不可能沟通不好的。关键不是你不会，而是你不干。

第十二讲　曾子说治国

　　下面是曾子对"治国"的阐释，是《大学》传的部分的第九章。

　　所谓治国必先齐其家者，其家不可教而能教人者，无之。故君子不出家而成教于国。孝者所以事君也，弟者所以事长也，慈者所以使众也。

　　"所谓治国必先齐其家者"，意思是要想把国治好，必须先治好家。

　　我们在讲《大学》经文部分的时候，专门解析过"家""国""天下"这三个概念。《大学》里面的"家"，应该不是指家庭，而指的是士大夫之家，是指他的采邑，那是一个小的社会单位。即使理解成亲属关系，也得理解为一个家族，因为古代的家庭结构和我们的不一样。"国"是当时一种地方行政单位，也不是指我们今天说的国家。"天下"才是我们今天说的国家。"八目"的后三个"齐家""治国""平天下"中"家""国""天下"都有特殊内涵。"家"和"国"都是指一种社会单位，"家"小一些，"国"大一些。先管好"家"这个小单位，你才能治理好"国"这个大单位，在这个基础上，才能把国家治理好。这是修身的三重效果。

个人的修为也不是一次完成的，需要在"齐家、治国、平天下"的实践中不断地进行反思，不断地进行自我完善和提升，修行的境界才会越来越高。"齐家""治国""平天下"既是修身的效果，也是修身要达到的目的和境界，同时也是修身的方法和过程。

要在齐家、治国、平天下的过程中去提高个人的修行。修没修到位，就看能不能达到"齐家""治国""平天下"的效果，如果做不到，就是修行没修到位。家庭关系搞得乱七八糟，个人事业一塌糊涂，还认为自己修到比较高的境界了，那都是骗人的。修到什么境界，要在实际效果上体现出来。能够"齐家"，是修行所达到的初级境界；能够"治国"，证明修行进入了较高层面；能够"平天下"，才说明修行达到了极高境界，也就是儒家追求的最高境界——内圣外王。只有内在修养达到圣人的境界，外在才能表现为平天下，成为一代明君圣王。

下面这一大段，是从"齐家"讲到"治国"。

先讲"所谓治国必先齐其家者"，意思是治国一定要先治好家。原因何在？"其家不可教而能教人者，无之"，自己的家人都教不好，还能教好别人，没有这样的人啊。这是从反面说，然后再从正面说，"故君子不出家而成教于国"。所以啊，修行比较到位的君子，不用走出家门，就能完成对一个国的教化，就能把这个国治理得很好。

怎样能够做到呢？曾子说出了三种方法，即"孝者所以事君也，弟者所以事长也，慈者所以使众也"，这既是"齐家"的方法，也是"治国"的方法。

我们要知道，中国古代有一个非常特殊的政治理念，我们称之为"家国同构"。古人认为，家和国的结构是一样的。这两个人类社会的组织没有本质的不同，其构成是一样的。如果说有区别，就在于规模不一样。正是因为家和国的本质是相同的，所以用管好家的方法就能管好国。简单地说，就是这一套方法如果能做到位，就既能够齐家也能够治国。齐家的方法就是治国的方法。能把家管好，说明你已经掌握了这套方法，再将这套方法运用到治国上，自然就能把国管好。

齐家也好，治国也好，最基本的方法，曾子认为是三个字：孝、弟、慈。孝是对父母的爱；弟，也就是悌，是对兄弟的爱；慈也是爱，主要指长辈对晚辈的爱。三个字可以浓缩为一个字，就是"爱"。这也是儒家提倡的仁，"仁者爱人"。

"仁者爱人"，不是仁者才能爱人的意思。在古代汉语中，这是典型的者也句式。古汉语里，由"……者……也"构成的句子我们称之为者也句式，后面的"也"字可以省略。如果翻译成白话文，这种句子都要译成"……是……"。"仁者爱人"，就是省略了"也"字的者也句式。翻译成白话文，应该译为"仁，就是爱人"。对他人的爱，儒家称为仁。

儒家的思想核心就在这里，儒家提倡的所有理念，都以此为出发点。儒家修行的目的就是要达到仁，而仁的体现就是爱人，就是一个"爱"字。

如果要修仁，怎么修？首先得爱自己，如果连自己都不爱，说你能爱别人，谁信啊？那种所谓的对他人的爱，只能是为了特殊目的而做出来的伪装。

儒家讲修行要由近及远，由小及大，是一个循序渐进的过程。要做到"仁者爱人"，第一步是要爱自己。爱惜自己的名声，有荣誉感，这就是知耻。"知耻近乎勇"，人首先要知道什么是可耻的。可耻的事情不做，爱护自己的名誉，然后才能勇于为善。人如果无耻，我们就拿他没办法了，因为人无耻则无敌。

"仁者爱人"，首先表现为自爱，自爱就是坚守廉、耻。在爱自己的基础上，向外扩大自己的爱，去爱他人。儒家的修行讲究由近及远，不是提倡你先去爱陌生人，而是先要爱你最亲近的人。你最亲近的人就是你的父母、你的兄弟姐妹，所以儒家强调孝、悌。

"廉"也是对自己的爱。不放纵自己的欲望，把物质需求控制在一定的范围之内，这样才能"正心"，才能事业有成，这是对自己负责，也是一种对自己的爱。爱和责任是联系着的，爱自己就得对自己负责。比如说，两个人恋爱的时候，你嘴上说爱，却不负责任，那肯定不是真爱。

从物质层面讲，儒家强调寡欲，提倡廉，实际也是对自己身体的爱，寡欲才能身体健康。"欲不可纵"也是一种养生方法。放纵自己的欲望，就是对自己的身体不负责任。取之有量，取之有道，把对物质的需求控制在一定限度之内，这是对自己身体的负责，这才是对自己真正的爱。

我觉得，我们对孩子的爱，也应该体现"廉"字。或许我们正在用一种害孩子的方法去爱孩子。为什么现在不喜欢吃饭的孩子那么多，给孩子喂饭成为一项艰巨的任务？因为孩子喜欢吃的东西，我们马上就保证供应，让孩子吃个够。一看孩子喜欢吃，爷爷奶奶就顿顿做给孩子吃，结果就是孩子吃够了，再也不想吃了。我们用这种方法成功地破坏了孩子的食欲，到最后孩子就什么都不爱吃了，把孩子对食物的享受彻底抹杀了，孩子再也体会不到吃的快乐了。所以，真正的爱，还要考虑廉，要讲究度，适度才是爱，过度的爱会害了孩子。

儒家的修行方法容易落实，就是因为符合人性。它提倡我们首先去爱父母，容易做到，如果首先就提倡大爱无疆、社会奉献，这就不好落实了。在爱父母和兄弟姐妹的基础上，将爱心逐渐向外扩散，做到爱亲人，然后再去爱稍微远一点的人，修行到最后才能达到大爱无疆，爱全人类。这也就是孟子说的"老吾老以及人之老，幼吾幼以及人之幼"。从爱自己的老人开始，最后爱心扩展到所有老人的身上，爱所有的老人；从爱自己的孩子开始，最后扩展到爱所有的孩子。

怎样通过修身搞好家庭关系呢？想一想，家庭或是家族，无论包括多少人，人与人的关系不外乎两大类：一类是平辈之间的关系，一类是长辈和晚辈的关系。如果每个人对自己的兄弟姐妹都充满爱，平辈之间的关系就完全理顺了；如果每个人对自己的父母都充满爱、长辈对晚辈也充满爱，所有长辈和晚辈之间的关系也就全都理顺了。家内各种关系全部理顺，家庭内部就和谐了，家不就管理好了吗？

齐家也好、治国也好、平天下也好，在儒家看来，就是要达到一个和谐，即我们今天提倡的构建和谐社会。怎样达到和谐？儒家给出了三个字：孝、悌、慈。如果每个人都能够从自己做起、从现在做起，开始修身，做到这三个字，那么家、国、天下就都会和谐了，儒家理想中的大同社会也就实现了。

我们也要注意到，曾子是在讲"治国"的部分讲的这三句话："孝者所以事君也，弟者所以事长也，慈者所以使众也。"曾子是想说，这不仅仅是齐家的方法，更是治国的方法，"家国同构"嘛！孝，本来指对父母的爱。曾子说，这也是侍奉君主的方法；悌，指对兄弟的爱。曾子说，这也是侍奉上级的方法；慈，指长辈对晚辈的慈爱，但曾子认为，这也是领导众人的方法。用这三个字可以齐家，也是这三个字，还可以治国。

从字面的意思上来看，曾子没有谈"齐家"，讲的是"治国"，但"齐家"的方法也在其中了。因为用孝、悌、慈来齐家比较容易理解，所以曾子没有讲，而是隐含在其中，只突出强调了用这三个字治国。

先要在家里落实了孝、悌、慈，然后才是治国。治国的时候，就是把齐家时对父亲的态度拿来对待领导，就可以了。儒家的修行是一步一步来的，齐家、治国、平天下的顺序不能颠倒。刚刚走出校门的学生，在走向社会之后不知道应该如何处理人际关系，就说明他的家庭教育存在问题，所以我们会说那些不会办事或没有礼貌的孩子"没家教"。

古代还有一句话："求忠臣于孝子之门。"为什么？因为他是孝子，他处在一个和谐的家庭，他能用对待父亲的态度来对待领导，就能把事业、把和领导的关系都处理得非常好。所以《大学》讲"孝者所以事君也"。

"弟者所以事长也"，是对待比你年长的同辈人的方法，就是你在家里怎么对待你的哥哥，在单位就怎样对待比你年长的同事。"弟"，即"悌"，是指平辈关系，用于社会关系的话，指平级的，不是对领导。

对此，《礼记》上说得更详细，"年长以倍则父事之，十年以长则兄事之，五年以长则肩随之"。岁数比自己大一倍的人，就要像对待父亲那样对待他；大十岁的人，就要像对待兄长那样对待他；大五岁的人，则可以与他并排一起走，但肩要略微错后一些，以示尊重，也就是与他平起平坐，但自己略放低姿态。

最后说"慈"。慈在家庭内部，指长辈对晚辈的爱，但是在治国的时候，有特殊的含义。"慈者所以使众也。""使众"，按字面意思是怎么使唤众人，也就是怎么管理好团队。没有什么复杂的，还是把齐家的方法移植过来，要想管好团队，关键是这个"慈"字。如果你在家里是做长辈的，拿出对待晚辈的心态来对待员工，就能带好团队。

古代都是大家庭，齐这个家不容易。作为家长，可能他的弟弟们都没有分家，假如他有四个弟弟，自己又有五个儿子，他的四个弟弟加起来还有十来个儿子，底下还有孙子辈……这个家怎么才能管好？关键是慈，不仅要对弟弟们体现出爱，对他们的下一辈也要体现出爱，这样才能把家内关系处理和谐。

当你刚坐到领导岗位上时，可能不知道怎么当好领导。那你就想想，你在家做哥哥的时候，是怎么对你弟弟的，是怎么对你侄子的。是怎么对你孩子的。拿着这个态度对你的员工、对你的副总、对你的各部门经理，就能把企业、团队打造得很好。所以曾子讲，"慈者所以使众也"。

曾子只说了三个字：孝、悌、慈，齐家的方法也在其中，治国的方法也在其中。怎样才能做到这三个字呢？修身，从"格物致知""诚意正心"开始修。由此我们可以看出，《大学》既是人生的宏伟蓝图，也是浓缩的方法。

接下来，曾子引《尚书》上的一句话来证明自己的观点。

《康诰》曰："如保赤子。"心诚求之，虽不中不远矣。

"如保赤子"，就像去保护小孩子一样。你怎么能治好国呢？要拿出一个大家长的态度来，就像去保护小孩子一样，你就能搞好。曾子引《尚书》中这句话，实际上是对前面说的"慈者所以使众也"的进一步阐释。拿出你在大家庭里边保护晚辈的那种心态和状态来，就能带好你的团队。

接着曾子发了个感慨："心诚求之，虽不中不远矣。"只要你内心真诚地去追求这么做，即使你不能中规中矩完全做到，可也差不了多少！

曾子虽然讲的是"治国"，但作为给管理者的启示，我觉得太重要了！今天很多的企业家，对儒家学说不是质疑，而是表示自己做不到。我们注意儒家的这套修行方法，不是说你必须全做到才能见效。曾子说得很明白，只要你内心真正追求按儒家这套方法去自我完善、去管理团队，即使不能完全做到，也会有实际效果。曾子这句话是非常重要的。不用修到极致，不用完全做到，只要开始按照儒家这套方法去做、去修，就能见到效果。

但是你得诚，"心诚求之"，不是做样子给人看的！不能是表演，不能心口不一，而是内心当中真的觉得儒家这套方法是对的，真正发心要按照这套方法去修行，才能见到效果。不管你修多少，都能见到效果。修得少，效果小；修得多，效果大，但肯定都会见效。曾子这句话告诉我们这样一个道理。

有人给员工们讲孝悌忠信礼义廉耻，自己却一条不做，心里认为：我是用这个去教育他们，让他们这么做。把自己归为例外，那就没做到诚，自然也就达不到效果，甚至是不会有效果的。也有人内心当中并不真正相信儒家，抱着一种尝试的心态，那我就告诉你，也没有效果。为什么？你自己先就没有做到诚。需要"心诚求之"，才能"虽不中不远矣"。

下面这句话，我觉得曾子有点开玩笑的性质了，有点调侃的意味。

　　未有学养子而后嫁者也。

这句话的意思是，没有哪个姑娘是先学怎么生孩子，然后才嫁人的。怎么很严肃的思想性的文字，中间爆出这么一句来？曾子是做个比喻，强调马上去做。如果认为儒家的思想、修行方法非常好，那你就马上付诸实践，而不是等自己全学明白了再去做、再去修。好比姑娘嫁了人自然就会生孩子，没有哪个姑娘是先学会生孩子再出嫁的。儒家的修行也是这样，只要你按照儒家的方式修行，很多东西到时候自然就懂了，没有必要先把一切都弄明白，然后才开始修行。这也就是后来王阳明提出的重要理念"知行合一"。要落实到行动中，才能真正理解，如果不能付诸实践，就不是真正理解。曾子是以调侃的语气告诉我们，无论什么事，要先去做，然后才能真正理解，才会有结果。

这个调侃也是在驳斥一种对儒家思想的质疑。可能会有这样一些人，觉得儒家的自我修行方法不会有作用，抱着质疑的态度说，我没有看见结果啊，你得先让我看看结果，让我看到好处，然后我才能相信你，我才会按照儒家这套方法去修。

儒家向来不提倡和别人辩论，原因就在这里。讨论一下儒家这套方法到底有没有效果，这不是靠说的事，需要实践操作。照着做就能获益。我觉得，当代我们提倡国学，也应该本着这个思路，不要和人家去辩论，去证明国学怎么怎么好。

一家仁，一国兴仁；一家让，一国兴让；一人贪戾，一国作乱。其机如此。此谓一言偾事，一人定国。

曾子这里说的是为什么"齐家"就能达到"治国"。曾子先是从正面说，因为家是社会最小的单位，提倡仁、让，都应该先从家庭做起。如果每个家庭都提倡仁、让，这两种美德就在社会上蔚然成风了。如果社会处处体现着爱、体现着礼让，社会必然是和谐的，"治国"的目标就实现了。换句话说，就是我们今天经常强调的正能量。每一个家庭都体现正能量的话，社会必然是和谐的。

下面曾子又从反面说，"一人贪戾，一国作乱"，只要有那么一个人是贪婪的、暴戾的，那么整个国家就会走向混乱。要对全民进行教化，原因就在这里。

前面说的是一家，到这里怎么变成一人了呢？曾子说一个人可能是为了强调有这么一个人在其中，他贪、他戾。贪说的是完全以自我为中心，私欲极强，什么事都得顺着他，一切要从他的利益出发；戾呢，是说这个人脾气暴躁，今天骂这个，明天打那个，脾气怪异，喜怒无常。想一想，如果三五十人的团队中有这样一个人，这个团队还能够和谐吗？

一个家若是有这么一个人，这个家必然就不和谐了。如果每个家都有这么一个人，每个家都不和谐了，社会是不可能和谐的，国家就治理不好了。

说个最简单的道理。隔壁两口子天天晚上吵架，表面上看，这好像是他们自己家的事，但吵得街坊邻居都睡不好，哪里还能和谐？早晨起来这肝火就旺得很，为什么？隔壁的两口子吵了半宿，压根儿就没睡着啊，听了半宿各种骂人话、各种歪理邪说，早晨起来情绪还能稳定吗？上班时被领导批评两句，就忍不住和领导吵了起来。为什么？有前一天晚上邻居家吵半宿的影响在里边。

所以，一个家不和谐，最后就会导致社会的不和谐。治国要从齐家入手，"齐家、治国、平天下"这个次序是不容颠倒的。

"其机如此。""机"，我认为应该是通假字，通"几"，指事物那种非常微妙的状态，不是彰显出来的，是一种隐含的、潜在的、非常微妙的状态。意思是事情的那种微妙的状态啊，就是这个样子。

这一段曾子谈的是一切从小事做起。若要把国家治好，就要从家庭建设入手，这是最微小的、最微妙的。将这个搞好，才能把国家治理好，社会才是和谐的。只要有一个人在里头乱搅和，整个社会就都搞不和谐。这是我们容易忽视的，所以曾子才特殊强调，以引起我们的重视。

然后曾子总结，"此谓一言偾事，一人定国"。"偾"读"fèn"，是失败的意思，指把事情搞砸了。说这个微妙的状态啊，就是我们通常所说的，因为一句话就把事情搞砸了。这是负面的。因为一个人就把国家搞好了，这一句是正面的。这叫"一言偾事，一人定国"。

"一言偾事"指的是个人，是个体，要注意，事情是很小的、很微妙的。在你和人接触的过程中，在理顺人脉的过程中，你要谨慎，要注意这些微小的方面，否则很可能就因为你的一句话说错了，导致事情搞砸了。

"一人定国"的"一人"，按朱熹的说法，指君主、皇帝。国家的好坏，最后落在谁身上？就落在皇帝这一个人身上。他如果能找到正确的治国方法，就能把全民引向和谐社会，就能把国家治理好。这一个人就能把国家治理好。为什么？因为他在那个位置上，具有相应的权力、资源，他有那个"势"。实际上，治国也不涉及很多人，就涉及一个人，治国是谁的事？皇帝的事，皇帝如果认同儒家的理念，从个人的修为入手，再去考虑怎样教化百姓，国家就能走向和谐。

"一言偾事"谈的是人际关系，"一人定国"谈的是政治关系。虽然只有两句话，但说的是两个层面。第一句，谈的是个人、平民老百姓；第二句，谈的是国家、领导者；第一句是从负面谈的，这事情如果做不好会怎么样；第二句是从正面谈的，如果做好了会怎么样。这两句话是相参照的、相对应的。

实际上，这上下句相对应，说的是两方面的意思。作为普通老百姓，一句话没说明白就容易把事情办砸了。但是反过来，只要把自己修好了，就可以把你的家人和你身边的人、你的企业都带好。作为国家，君主如果自己修养好了，他一个人就能把国家带向好的方面，但是反过来，如果他搞歪门邪道，也就把整个国家给毁了。这上下句参照着去理解才是全面的。

当然，这句话反过来，说"一言定事，一人偾国"也行。但是，作为比喻，说一句话就能把这件事办好，一个人就能把国家搞乱，是不是有讽刺大领导的嫌疑呢？所以曾子才用老百姓说负面的，用国君来说正面的，不犯忌讳，这行文是很巧妙的。

下面曾子举例子说明什么是"一人定国"，他举的例子就有正面的，也有反面的了。

尧舜率天下以仁而民从之，桀纣率天下以暴而民从之，其所令反其所好而民不从。是故君子有诸己而后求诸人，无诸己而后非诸人，所藏乎身不恕而能喻诸人者，未之有也。故治国在齐其家。

尧、舜这样著名的圣明君主，率领天下老百姓去实践仁，老百姓就都跟随他们，落实了"仁者爱人"。这是正面的例子。夏朝最后一个君主桀，商朝最后一个君主纣，都是著名的昏君，他们率领天下人去做暴乱的事情，结果老百姓也跟着他们干。这就是负面的例子了。从尧、舜、桀、纣的历史中，我们能深刻地认识到，国家的治乱与统治者有密切关系。

"其所令反其所好而民不从"，意思是你的命令和你自己所喜好的是相反的，老百姓就不会服从。老百姓为什么能跟着尧、舜实践仁呢？因为尧、舜自己都是真的喜欢仁，这就是他们的"所好"，所以老百姓服从他们。为什么老百姓也跟着桀、纣暴乱呢？因为桀、纣也是真的要暴乱，他们从内心里就喜欢暴乱。但是如果你所命令的和你内心所喜好的是相反的，老百姓就不会跟着你。如果桀、纣来提倡仁，就不会得到老百姓的服从，因为他们提倡的是"反其所好"，与他们自己喜欢的正相反。曾子是在告诉统治者，老百姓都是在看你怎么做，而不是听你怎么说。

现在企业管理者都在寻求打造高效服从的团队的方法，但是怎么去打造？儒家讲"其所令反其所好"，就不会有高效服从的团队，你的令和你的所好必须是统一的，才能打造出高效服从的团队。作为老板，你提倡守时，说守时是一种美德，要求部下说几点就几点，一分钟都不能耽误，然后你召集开会的时候，自己迟到半个小时，那你以后再怎么强调守时，你的团队也不会严格执行。

怎么能让团队高效服从？你自己要先树立榜样。"其所令反其所好"不行，强调的东西一定是你真正喜好的，这才行。老板要让员工看见自己在身体力行，才能换来员工的高效服从。一句话，既然员工都是看老板怎么做，而不是听老板怎么说，那你就做给他们看。

曾子下面的话也是这个意思。"是故君子有诸己而后求诸人"，意思是你想提倡什么美德，自己先要落实。"有诸己"，意思是自己身上先得有这个美德；"而后求诸人"，意思是然后再要求别人照着做。你要求下属诚信，自己首先得别撒谎。自己先做到，然后再拿这个去要求他人，这样大家才能服从。

"无诸己而后非诸人。""无"指没有某种缺点，"无诸己"，指自己身上没有这个缺点；"非"是指责。这句话的意思是，自己身上没有这个缺点，然后你才可以去指责他人的这个缺点。作为领导者和管理者，发现员工有什么缺点和毛病，在批评他、指责他之前，先得保证自己没有同样的缺点和毛病。在儒家看来，这在管理上是很重要的一点。

我觉得，可以引申一下，人与人之间的相处也是这样。对于理顺社会关系，这两句话仍旧有用。如果做不到这两句，你的人际关系就容易出现问题。我觉得，我们现在经常犯的一个毛病，可以说是"有诸己而后非诸人"。自己身上明明有这个毛病，还去指责别人同样的毛病。这样的话，人际关系是处不好的。

儒家的修行讲究的是"以责人之心责己，则寡过；以恕己之心恕人，则全交"。意思是以要求别人的标准来要求自己，就会少犯过错；以宽恕自己的心态去体谅别人，就能和朋友们处好关系。所以不要轻易指责别人，想指责别人的时候，要先认认真真想想，自己是不是有同样的毛病。如果自己也有同样的毛病，就不要指责别人了，想一下自己怎么改正吧。另外，"有诸己而后求诸人"，想让朋友具有相应的美德，自己首先要具备这种美德，如果自己还没做到，就不要劝别人了。

还有一个问题，无论是学习还是修养，我们都是为自己做的。我们是为了自己的人生向好的方向发展才这样做的，与他人没有关系。别人身上有什么优点、缺点与我们没有关系，我们为什么要去指责他人呢？如果从修身的角度来说是这样的。但曾子这段话不是出现在对修身的阐释中，而是出现在对治国的阐释中。修身是自己的事情，不必管他人有什么优点、缺点，但治国就不是了。如果不能影响人、改变人，怎么能把国搞和谐呢？

"所藏乎身不恕而能喻诸人者，未之有也。"这句话的字面意思是：连自己身上的东西你都解释不通，还能把别人劝明白，这是从来没有的事。另一种解释，"所藏乎身"指自己身上的优点；"恕"是推己及人；"不恕"就是没有可以推己及人的，没有可以与人分享的。也就是自己身上根本就没有什么可以和他人分享的优点，还想把别人劝好，这是从未有过的。比如说，自己和妻子的关系非常紧张，朋友两口子吵架，你去劝解，好像也很难劝明白。

这句话是对前面"有诸己而后求诸人，无诸己而后非诸人"的进一步说明，也是在强调修身的重要性，体现着儒家"反求诸己"的精神。一切问题最终都要到自己身上找原因，所以一定先要追求自我完善。

然后，曾子总结，"故治国在齐其家"，也就是"治国"的关键是先做到"齐家"。

到这里，思想已经谈完了。下面曾子引用了三段诗，来进一步证明上面的思想。在我看来，这是使文章更加丰满，但并没有提出新的思想。

《诗》云："桃之夭夭，其叶蓁蓁。之子于归，宜其家人。"宜其家人，而后可以教国人。

这句诗自出《诗经·周南·桃夭》篇。"夭夭"是花朵美好的样子；"蓁蓁"是兴盛、美貌的样子；"之子"是那个人；"于归"指女孩子出嫁。全句的意思是：桃花开得多么美好啊，桃树叶子多么茂盛啊，那个女孩子要出嫁啊，会给她的家人带来好处啊。

曾子引这句诗，着眼点在最后一句，既然对家里人是有益处的，就是能把家治好，"而后可以教国人"，把家治理好，而后才能教化国的人。

《诗》云："宜兄宜弟。"宜兄宜弟，而后可以教国人。

这句诗出自《诗经·小雅·蓼萧》篇。"宜兄宜弟"，就是对兄弟是有好处的。然后曾子引申，能够对兄弟有好处，而后才能教化国的人。

与前面一首诗合起来，曾子暗示出家庭内部的两种关系：前一首诗提到女子出嫁，自然是指夫妻关系；后一首诗提到兄弟，自然是指兄弟姐妹之间的关系。如果能将这两种关系都协调好，家就和谐了，然后才能去教化国人。这里讲的还是先"齐家"，后"治国"。

《诗》云："其仪不忒，正是四国。"其为父子兄弟足法，而后民法之也。此谓治国在齐其家。

这句诗见于《诗经·曹风·鸤鸠》篇。"忒"是差错；"正"是端正，他用这个就能使四方的国家端正，言外之意就是治好国。

引了上述三句《诗经》之后，曾子又做了一个总结："其为父子兄弟足法，而后民法之也。""足"是值得；"法"是效法。这句话的意思是：当父亲的、当儿子的、当兄长的、当弟弟的，所作所为都值得人家效法，而后老百姓们才会效法。还是讲先"齐家"后"治国"。如果能把家治好，家里的父子兄弟之间相处的方法、态度，都是值得大家效法的，得到老百姓的效法，这样国家就会治理好了。

从这个角度我们可以理解，曾子前面说的"父子兄弟足法"，也就是"齐家"，指的是统治者。作为统治者，你把家治好，你的家庭成员之间相处的方法、态度，都值得老百姓去效法，而后老百姓会效法你、模仿你，这样整个社会乃至整个国家就都和谐了。"此谓治国在齐其家"，意思是：因此我们才说"治国"的根本在"齐家"。这里曾子再次点出这一章的核心思想。

最后这句话，"其为父子兄弟足法，而后民法之也"，也是对前文的呼应。前文"故君子不出家而成教于国"，为什么能做到这一点呢？孝、悌、慈。作为统治者，要齐家，要做到孝、悌、慈，你在家庭内部的这些做法令老百姓非常欣赏，就愿意模仿，你再将这种家庭成员之间的相处模式引用到社会上，用孝、悌、慈来理顺上下级关系、理顺平级关系，然后整个社会就都和谐了，国家就治理好了。

作为统治者，把家治好之后，就会在社会的高层、精英阶层确立起一种和谐的秩序。老百姓看到之后，心是向往的，是愿意模仿的。这样的话，就能达到《论语》说的"君子之德风，小人之德草，草上之风必偃"。所以，文化的建设、道德的建设不应该自下而上，而是要自上而下。老百姓是看上层的，社会精英阶层流行什么，老百姓就跟着学什么。民众的文化趋向、道德趋向都是模仿精英阶层的，所以，要建设社会的文化、建设社会的道德，首先得加强社会上层、精英阶层的建设。精英阶层如果打造得很好的话，老百姓自然就能随过来。精英阶层如果一塌糊涂，想让老百姓全民提高素质，是不可能的。

中国现在的社会问题出在哪里？我认为，关键是我们没有一个在自我修行方面做得比较好的精英阶层。中国社会的一切问题都应该从精英阶层身上找原因，所有的社会不正常现象都是从精英阶层开始的，然后老百姓才跟着学。

从这个角度我才真正理解，为什么英国提倡绅士精神，就是精英阶层要以绅士精神为自我修养的标杆。贵族是一种气质、是一种修养，不是靠钱来结算的。社会的上层体现出这样一种精神，全社会的道德才能步入良性发展的轨道。

第十三讲　曾子说平天下

以下是曾子对"平天下"的阐释，是《大学》传的部分的
最后一章。

所谓平天下在治其国者，上老老而民兴孝，上长长而民兴
弟，上恤孤而民不倍，是以君子有絜矩之道也。

如果要"平天下"，首先得治理好你的国。接着曾子谈了
三点治国的方法。实际上这三点他在前面已经谈过了，这里只
不过是换了一种表述方式。

"上"是在上位者，即领导者；"老老"，是把老人当成老
人那样去尊敬。统治者如果能做到这一点的话，老百姓就能普
遍地兴起孝道、落实孝道。将年长的人当成年长的那样去尊
敬，那么，老百姓就能在生活中落实悌。"弟"是通假字，就
是"悌"。

这样就理顺了两种人际关系。从家庭内部来讲，"孝"是
理顺长辈和晚辈关系的方法，"悌"是理顺平辈人之间关系的
方法。在家庭内部如果能做到这两点的话，不管这个家有多少
人，内部都能走向和谐。按这个思路去治国，"孝"的精神是
理顺上下级关系的方法，"悌"的精神是理顺平级关系的方法。

如果社会的上下级关系、平级关系都能理顺，社会也就是和谐的。按照同样的方法，你所在的小集体、公司，也可以是和谐的。

"上恤孤而民不倍"中的"倍"是通假字，通"背"，意思是背叛。统治者要是能够照顾、怜悯孤儿的话，老百姓就不会背叛你。照顾孤儿是体现慈，与前面两句合起来，还是讲的孝、悌、慈，前两者体现的是理顺人际关系，后者体现的是领导者的爱心。

这一段与上文密切呼应。"上老老而民兴孝"就是上一章的"孝者所以事君也"，"上长长而民兴弟"就是上一章的"弟者所以事长也"，"上恤孤而民不倍"就是上一章的"慈者所以使众也"。作为统治者，要想平天下，什么最重要？还是孝、悌、慈这三点。

曾子的意思是，怎么能治国、平天下？统治者要理顺人际关系。然后呢？要体现你的爱心，也就是儒家讲的"仁者爱人"，也就是孟子说的"仁者无敌"。作为领导者、统治者，要充分体现对下级的爱，下级才不会背叛，这就是"上恤孤而民不倍"。光有爱也不行，还得有理顺人际关系的智慧。曾子这里实际上讲了两点：一个是理顺人际关系，一个是充分地体现爱。

这是统治者治国平天下的一个基准点，所以曾子下面总结说"是以君子有絜矩之道也"。"絜"，读"xié"，是一种量具；"矩"是一种画方形用的工具。"絜矩"，简单地说，就是规矩、原则、准则、模范的意思。曾子这句话的意思是，君子是有可以给人做典范的方法的。

下面一段就是曾子谈的具体方法，就是什么是"絜矩之道"。

所恶于上毋以使下，所恶于下毋以事上，所恶于前毋以先后，所恶于后毋以从前，所恶于右毋以交于左，所恶于左毋以交于右，此之谓絜矩之道。

这段表述比较啰唆，方方面面都举到了。所有的"恶"字，都是讨厌的意思。"所恶于上"，意思是如果讨厌上级用这种态度、这种方法对待你；"毋以使下"，意思是就不要用同样的态度和方法对待你的下属、你的下级；"所恶于下毋以事上"，正好反过来，意思是如果讨厌你的下属这样对你，就不要用同样的态度对待你的上司。

"所恶于前毋以先后"，意思是如果你讨厌前面的人的态度，就不要对你后面的人拿出这个态度来；"所恶于后毋以从前"，又是反过来说，意思是如果你讨厌后面的人对你的态度，就不要用这个态度对待你前面的人；"所恶于右毋以交于左"，意思是如果你讨厌右边这个人对你的态度，就不要用这个态度去对待你左边的人；"所恶于左毋以交于右"，意思是如果你讨厌你左边的人的这种方式，就不要用这种方式对待你右边的人。是不是很啰唆？归纳起来，就是《论语》上那句话："己所不欲，勿施于人。"你自己不喜欢的，不想要的，就不要加到别人身上。说的就是这个道理。"此之谓絜矩之道"，这就是前面说的"絜矩之道"。

"己所不欲，勿施于人"，讲的是恕道。什么叫恕？就是原谅、包容，这是儒家很重视的一种理念和修为。因此曾子将之放在一个非常特殊的位置，称之为"絜矩之道"。这是一种可以推广的典范、准则。而且，这段话出现在曾子对"平天下"的阐释中，说明曾子认为，恕道是"平天下"的基本准则。可见曾子给予恕道极高的地位。

作为统治者，若想你的统治顺利，就要注意《论语》上的这八个字——"己所不欲，勿施于人"。

但是，历史上的统治者的做法往往与此相反，对于喜欢的，他自己留下来，对于不喜欢的，就扔给老百姓了。因此没能实现平天下的政治理想。在我看来，历史上之所以很少出现太平盛世，主要原因就在这里。

顺着这个思路，曾子又加以引申，谈了三个方面，每个方面都引《诗经》来证明自己的观点。

《诗》云："乐只君子，民之父母。"民之所好好之，民之所恶恶之，此之谓民之父母。

这句诗出自《诗经·小雅·南山有台》。"乐"就是愉快的意思；"只"是发语词，没有意义。"乐只君子，民之父母"的意思是，那个美好的、安乐的君子啊，他是民之父母。

在儒家经典里，"君子"这个概念有时指统治者，就是所谓的"有位者"，有一定的官位的人；有时指道德修养非常好的人，就是所谓的"有德者"。当然，在有的地方"君子"这个概念既指有位者又指有德者，这里就是这样。他首先是有位者，所以称他为"民之父母"，中国古代称地方官为"父母官"，特别是县令，"父母官"就是这么来的。

下面曾子解释了什么叫"民之父母"，"民之所好好之，民之所恶恶之，此之谓民之父母"。换句话说，如果你想当一个合格的父母官，就要做到这一点——老百姓喜欢的你应该去喜欢，老百姓讨厌的你也要讨厌。就是你的好恶要与百姓一样，你的价值判断要与百姓一致，只有这样你才能做到"己所不欲，勿施于人"。

举个可能不太恰当的例子，比方说吃饭。你特别喜欢吃辣椒，就以为别人都喜欢吃辣椒，使劲往人家嘴里塞辣椒，人家其实不能吃辣的，你这种做法是"己所不欲，勿施于人"吗？你的出发点是好的，觉得这是好东西，你才给他的，但是，如果你不知道他喜不喜欢，可能就变成了强人所难，结果适得其反。

作为一个领导者，作为一个统治者，要做到"民之所好好之，民之所恶恶之"，首先要知道百姓喜欢什么、讨厌什么，然后才能做到"己所不欲，勿施于人"。

所以，若要做到上面说的"所恶于上毋以使下，所恶于下毋以事上，所恶于后毋以从前"，等等，首先要了解人，了解他人真实的想法。这也就是"八目"的第一目"格物"。已经讲解到"八目"的最后一目了，还能和第一目扣上，可见《大学》行文的巧妙和紧凑。

"民之所好好之，民之所恶恶之"，这是每一个在领导岗位上的人都应该参悟的。《大学》把它作为领导者的一个基准点，要从这一点出发，才能达到一个领导者的最高境界，下属都会像爱戴父母那样爱戴他。

限于篇幅，《大学》对这个问题没有展开，但曾子已经暗示给我们两点：第一，你要知道老百姓的好恶；第二，你要帮助百姓实现其好恶。你要和百姓站在一个立场上，这是统治者应该做到的，甚至是每个领导者都应该做到的。这是曾子由"絜矩之道"引申出来的第一个重要的管理上、统治上的基本原则。

下面是由"絜矩之道"引申出来的第二个原则，曾子又是先引一段《诗经》。

《诗》云："节彼南山，维石岩岩。赫赫师尹，民具尔瞻。"有国者不可以不慎，辟则为天下僇矣。

这句诗出自《诗经·小雅·节南山》篇。"节"是高大的样子；"彼"的意思是那个；"岩岩"是险峻的样子；"赫赫"是显赫的、显要的，或者伟大的；"师"是太师，一种级别非常高的官名；"尹"是担任"师"这个官的人的姓氏，一般解释成太师尹氏；"民"是老百姓；"具"是全面；"尔"是你；"瞻"是仰望，"尔瞻"，是个倒装句，就是"瞻尔"，就是仰望着你。诗句的意思是：高大的那个南山啊，山上岩石险峻，地位显赫的、伟大的师尹啊，老百姓可全都仰望着你呢。

曾子引这几句诗所要表达的意思是：作为领导者、统治者，你要知道，下面的人时时刻刻都看着你呢。作为领导者、管理者，时刻要有这样一个心态。这是领导、统治或者管理的第二个基本原则。

由于这首诗说得很清楚了，曾子在这里就没有再多解释，而是强调了一句："有国者不可以不慎。""有国者"就是统治者。这句话的意思是：拥有国家的人，不可以不谨慎。为什么？"辟则为天下僇矣。""辟"是偏，"僇"是通假字，通"戮"，杀戮。这句话的意思是：如果你走偏了，就要被杀了。曾子说，拥有国家的人对这方面不可以不谨慎，如果你走偏了，就会被天下人杀掉，后果是相当悲惨的。

但这个基本原则是什么呢？曾子没说，因为《诗经》里说得很清楚——民具尔瞻。

"民具尔瞻"至少包括两个方面的内涵。第一，你要意识到，作为管理者，你的员工都在看着你呢，你的一举一动都对员工起着风向标的作用，都会成为一种导向。你的心里要有这个意识，因此你的言谈举止不能很随意，特别是在员工面前。要记着，你表现出来的东西，就会成为一种导向。"民具尔瞻"中的"瞻"是看的意思。曾子没说老百姓都听着呢，是因为下面的人不会听你怎么说，而是看你怎么做。这一点是每个管理者应该时刻提醒自己的。很多时候你一个无意的举动都会起到导向的作用。比如说，出于节约能源，你出门就随手关灯，慢慢地你就会发现，你手下的员工基本都会随手关灯。而且"上之所好，下必甚焉"，有些人会做得比你还极端。如果你继续提倡、坚持下去，会有些员工为了讨好你，特意来关灯，下面的人会把这东西推向极致。关灯在你身上可能无所谓，是件小事，但在员工那里会将其放大，最后变成一件大事。

"民具尔瞻"的第二个方面：作为领导者，不仅是榜样，还是领头人，下属都盯着你，决定着前进的方向。因此，领导者必须高瞻远瞩，必须把下属引导到正确的方向，这是领导者的责任和义务。

这就和上一章相呼应了——"一人贪戾，一国作乱。尧、舜率天下以仁而民从之，桀纣率天下以暴而民从之。"天下的治乱都在皇帝的身上，公司的治乱都在老板身上。作为领导者、管理者，你能够决定下面的人前进的方向。

作为一个领导者，你要想真正做到治国、平天下，在"絜矩之道"这个基本原则之下，你要注意的第二个问题是"民具尔瞻"，时刻提醒自己：老百姓、下面的人都看着我呢。那应该怎么办呢？第一，一举一动都要非常慎重，不能形成负面的导向；第二，要思考怎样把下面的人引导到正确的方向。这才是一个优秀的领导者。

这是曾子由"絜矩之道"引申出的第二个方面，也是领导者想治国、平天下需要注意的第二个层面。然后是第三个层面，还是先引《诗经》。

《诗》云："殷之未丧师，克配上帝。仪鉴于殷，峻命不易。"道得众则得国，失众则失国。

此诗出自《诗经·大雅·文王》篇。"殷"就是商朝；"师"是众，也就是民众。"殷之未丧师"的意思是：商朝还没有失去他的民众的时候，就是还没有失去民心的时候。"克"是能够的意思，"克配上帝"是说那个时候的商王还能够德配上帝。"仪"，朱熹认为是通假字，通"义"，应该的意思；"仪鉴于殷"是说应该借鉴商朝的历史教训。"峻"意为大，"峻命"就是"大命"，指天命；"不易"，是不容易。"峻命不易"是说想保住这个天命是不容易的。

商朝为什么灭亡了？商朝最开始还没有丧失民心的时候，符合老天的要求，能够得到老天的保佑，这就叫"天命未改"，商朝就得以延续。等到后来商纣王胡作非为、失去民心时，老天就不保佑他了，就改朝换代了，周朝才得以兴起。所以这首诗是告诉周朝的统治者们，应该借鉴商朝的历史教训，天命是不容易保持的。

下面一句是曾子对诗的内涵的解释。得到民众的拥护，得到民心，你就能统治这个国家；失去民众的拥护，也就失去了国家。这是曾子由"絜矩之道"引申出的第三个方面，即要得民心。

我们先把以上内容归纳一下。治国、平天下的基本原则、基准点就是"絜矩之道"，讲的是"己所不欲，勿施于人"，这是一个基本点。

在这个基本点之下，提出三种基本方法。和齐家一样，要提倡孝、悌、慈，以孝、悌理顺人际关系，以慈体现出对部下、对下属的爱。

在这个基本点之下，统治者和管理者还有三个注意事项。

第一个注意事项是，要了解部下的好恶，并且和他们契合。老百姓喜欢唱歌，你就给他们提供唱歌的机会，让他们能唱上歌。老百姓所讨厌的你要去讨厌，要把它变成你讨厌的东西，并想尽一切办法去除。现在老百姓都讨厌苛捐杂税，你也应该讨厌苛捐杂税，想尽一切办法把税收降下来。为什么要反腐倡廉呢？因为老百姓喜欢清官、讨厌贪官。这才是一个好的统治者，老百姓就会像爱戴父母那样爱戴你。

第二个注意事项是，要时刻提醒自己，老百姓都在仰望着你，所以你一定要做好榜样，一举一动都要极其慎重，不要因为你而形成错误的导向。你还应该把这些仰望着你的人引导到正确、成功的轨道上去，不要让信任你的人失望。

第三个注意事项是，要注意得民心。得到民众的拥护，才有公信力。

接下来的内容和上面谈的内容就不太一样了，前面可以说是宏观的，下面就谈一些微观的。但整体上讲，《大学》是宏观的人生蓝图，所以其中谈具体的东西不多。后面曾子谈这些，相对于前面的内容是具体了一些，但与其他书相比，还是相对宏观的。

是故君子先慎乎德。有德此有人，有人此有土，有土此有财，有财此有用。

前面谈到统治者要平天下，一定要得到民众的拥护。这里一方面是顺着这个思路讲怎样得到民众的拥护，另一方面，文章要结束了，开始逐渐地点题、扣题了。开篇第一句话"大学之道在明明德"，而这里讲"君子先慎乎德"，两句相呼应。

"君子"，指的还是统治者；"先"是首先；"慎"是慎重地对待。"是故君子先慎乎德"是说因此君子首先要慎重地对待道德问题，也就是君子要致力于"明明德"，要重视道德修养。"有德"因此你才"有人"，你的道德修养上去了，你才有人脉，才有人来追随你。

下面一句"有人此有土"，我们需要解释一下时代背景。孔子、曾子生活的年代，地广人稀。作为统治者，最重要的不是掌握土地，而是掌握劳动者。拥有土地所有权是没有意义的，只有拥有一定的劳动力，才能把土地开垦成良田，才能带来经济效益。所以，先秦时代诸侯国之间打仗，通常不重视占有土地，而重视掠夺人口。孟子讲"仁政"，也是从这个角度思考的，统治者如果能做到"仁者爱人"，别的国家的老百姓会往你这里跑。你的劳动力多了，开垦的土地多了，财富增加，兵源也多了，别的国家当然就打不过你了。因此说"仁者无敌"。

还有一种人——"士"，是当时的一个社会阶层，即读书人、知识分子。他们是在各国之间随意流动的。哪个国家的统治者有德，是明君，他就去辅佐。

知识阶层也是各国流动，劳动阶层也是各国流动，并且这种流动在当时是很难控制的。作为统治者，有德才有吸引力，才能把这些优秀的人才、劳动者都吸引到自己的国家中来。这叫"有德此有人"。

作为一个有德的统治者，有老百姓、劳动者来投靠你，为你从事生产；有知识阶层来投靠你，帮你治国。做个比喻，你有员工，也有管理者，你的企业不就走上正轨了嘛。

有了人，有了劳动力之后，荒地得到开垦，就是资源得到开发。还有读书人去治理这块新开发出来的土地，去管理那里的劳动者，你的领土就在扩大，势力就在增长。这叫"有人此有土"。然后，这片新开发出来的土地，可以给国家提供更多的税收、生产更多的物资，国家就有钱了。这叫"有土此有财"。给你带来经济利益，你就可以用这笔钱做点什么了，这叫"有财此有用"。

放到当时的背景下，一个地广人稀的纯农业国家、纯粹的农耕社会的背景下，这段话的内涵就是这样。我想，曾子写这段话大概就是这个意思。

今天的社会背景与曾子那个时代存在天壤之别。我们已经步入工业社会，甚至是后工业社会了，仅仅按照上面的内涵去理解这段话，尽管可能符合曾子的本意，但对我们就没有什么启发了。放在今天，我们是不是可以做一些引申呢？

"有德此有人"，就是靠道德修养吸引人，让大家都愿意和你亲近，就实现了"亲民"。

从企业的角度说，你要吸引的人不外乎是两种：第一种是劳动者，第二种是管理层。这与曾子的时代是一样的。虽然社会发展变化了，但今天，作为企业家也好，作为领导者也好，需要的还是这两类人。说得再直白一点，要想事业做大，你手下需要两类人：一类是干活的，一类是管人的、摆事的。打个比方，前一种是冲锋陷阵的，后一种是坐镇指挥的。

怎样能将这两类人吸引到你这里来？准确地说，怎样把这两类人中的佼佼者吸引到你这里来？作为企业家，谁的企业里没有干活、摆事的？谁的企业里没有员工、管理团队？都有啊，但是素质一样吗？那就有天壤之别了吧！有的团队高效服从，能力极强，招之即来，来则能战，战则能胜。有的团队，吃啥啥不剩，干啥啥不行。同样人数的团队，能做成的事可就差得太多了。

　　想要拥有高素质的员工、高水准的人才，以便搭建起最具战斗力和凝聚力的团队，仅仅靠市场招聘肯定是做不到的。随便一叫就能来的会是高素质的吗？肯定是别人挑剩下的、没地方去的啊！

　　怎么能吸引并留住高素质的员工、高水准的人才？我们先"格物"，换位思考一下，想想他们的需求是什么。我想，不外乎是三个方面：一是经济效益、工资收入；二是上升空间、发展机遇；三是心情愉快、过得滋润。要吸引并留住人才，需要做的就是这三点，说白了，就是要给他们钱、给他们机会，让他们在你这里过得非常愉快。

　　如果你的道德修养做不到位，人才在你手下心情能愉快吗？你不会"格物致知"，不知道他们的所思所想，能让他们感觉舒服吗？你没有"诚意正心"，能让他们觉得和你在一起很愉快吗？你自己不修身，没有德，绝对不能保证人才在你这里心情愉快、过得滋润。那就剩下前两条了，你能给他们机会、给他们钱吗？

　　归根结底，如果你没有德，既不可能保证人才的经济效益、工资收入，也不可能保证他们的上升空间、发展机遇，更不可能让他们心情愉快、过得滋润。那人才凭什么来你手下工作呢？既然是人才，愿意要他们的地方多了，随便找一家公司都觉得比这里过得舒服，人才还能到你这里来吗？能够忍受你的缺德劲儿，坚持在你公司里工作的肯定是蠢材。因为他没有地方去，他什么都不行，没人肯要他，离了你他就得失业。

　　修德，手下都是人才；不修德，手下都是蠢材。从古至今，这是铁定的规律啊！

项羽为什么没有斗过刘邦？讲个人能力、家世背景、资历、资源、团队素质，无论哪个方面，最开始项羽都明显优于刘邦，最后为什么是刘邦胜出？韩信曾对项羽有过比较全面的评价，说项羽一声怒喝，千人会吓得胆战腿软。他待人恭敬、慈爱，语言温和，士兵有疾病，他甚至同情落泪，把自己的饮食分给他们。可是项羽最大的短处是，部下有功应当封爵时，他手中攥着官印舍不得颁发，官印在他手里把棱角都磨光滑了，也舍不得给人家。想想韩信的评价，项羽差在哪儿？就差在不能给部下应得的经济效益、工资收入，也不能给部下上升空间、发展机遇啊，结果就是人才在他手下不可能心情愉快，就纷纷转而投靠刘邦去了。

怎样吸引并留住人才？上面我们虽然总结了三个方面，但归根结底，要有德。怎样才能有德？修身。所以《大学》才讲"自天子以至于庶人，壹是皆以修身为本"，"是故君子先慎乎德"。

首先要进行自我完善，进行自我修养、修身，团队才愿意跟着你走。你的事业能做多大，不取决于你，而是取决于你的团队。你能走多高，取决于你手下人有多高，手下人都能腾云驾雾，你自然在天上。但前提条件是，能腾云驾雾的那些人服你，肯做你的手下。

简单地说，有德才能有人脉。把自己修好了，大家都愿意与你亲近，就实现了"亲民"。因为身边的人愿意亲近你、信任你，能与你分享他的资源，你就可以调动大量的资源了。这就是"有人此有土"。土地就是一种资源，有了人脉就有了资源。有人脉、有资源，还能赚不到钱吗？所以"有土此有财"。

从这个角度来说，曾子讲的对我们今天仍旧具有指导意义。

顺便说一句，什么是你的人脉？能与你分享他的资源的人才是你的人脉。现在很多企业家每天忙于各种应酬，目的是开拓人脉，但你应该想一想，你天天应酬的那些人，真的是你的人脉吗？真的能成为你的人脉吗？一句话，他能与你分享他的资源吗？如果不能，你认识他与不认识他还有什么区别吗？在我看来，现在很多企业家的所谓拓展人脉的做法，实际上都是在做无用功。

四处拉关系，真的不如修自己。把自己修好了，为人处事得到大家的认可，大家亲近你、信任你、钦佩你，就会给你资源。

从个人的事业发展来讲，是"有德此有人，有人此有土，有土此有财"。通过修养，"有德""亲民"，打开人脉，掌握资源，然后就能有钱，事业有成，人生向更好的方向发展。从企业发展角度来讲也是如此。有修养、有德才能有人，有过硬的团队，才能为你开发资源，有了团队，有了资源，才能够挣出钱来。曾子这段话是一环扣一环的，而且他的逻辑关系我觉得在今天也是成立的。

从上面曾子的论述中我们可以看出，儒家不但不排斥利，还在教我们怎样赚钱，而且讲的都是堂堂正正的方法，不是阴谋诡计，是无论到什么时候都能用得上的方法。我觉得，这才是儒家思想在当下最大的现实意义。

上面最后一句说的是境界，"有财此有用"。有了钱之后怎么用呢？用钱去实现自己的理想和目标，这才是正确的用途。如果最后落脚点落到钱上，那境界就太低了。什么叫"土财主"？就是他人生的追求就是钱，除了钱，他没有别的追求。

一个优秀的统治者和"土财主"的区别就在最后这句话上。钱不是他追求的目的，而是手段，他要用钱去实现人生的目标，去完善自我。用我们今天的话说，怎么挣钱，看出一个人的道德；怎么花钱，看出一个人的境界。"有财此有用"，代表着一种境界，挣钱不是人生的目的，要用钱去干什么，这才是关键。

如果将钱用在吃喝嫖赌上，层次就实在是太低了，在地平线以下。如果挣钱就是终极目的，那你就是守财奴、土财主。一定要有一个超越金钱本身的挣钱目的，这是儒家提倡的。有了那样一个目的之后，你才知道什么时候钱挣够了，可以达到目的了。"知止而后有定"，对金钱有满足的那一天，心才能定下来。

德者本也，财者末也。外本内末，争民施夺。是故财聚则民散，财散则民聚。是故言悖而出者亦悖而入，货悖而入者亦悖而出。

"德者本也，财者末也。"通过上面一段论述我们可以发现，德行的修养是根本，钱财是末位的、次要的。"外本内末"，如果你把作为根本问题的德放在外面，就是把它边缘化，不去理它，而把本来是末、是次要的财放在里面，非常重视，就是本末倒置了。那结果就是"争民施夺"。如果统治者重视的是钱，忽视的是德，本末倒置，那么老百姓就会相互争夺，导致一种相互倾轧的社会风气。也就是说，统治者如果忽视道德建设，那么民风就完了，老百姓就会相互欺诈、相互掠夺。

"是故财聚则民散，财散则民聚。"作为统治者要知道一点：你要是把钱聚起来，那民心就散了，老百姓就要离你而去了；你只有把财散出去，老百姓才能围绕在你的身边，非常拥护你。国家如果以敛财为目的，那就意味着民心彻底散了。

"是故言悖而出者亦悖而入"的意思是：你说别人的话会反射到你身上，你怎么说人家，人家就会怎么说你。为什么要检点语言？因为你说出去的话，回头都会转一圈再回到你身上。

《礼记》上讲："忿言不出于口，恶言不反于身。"你如果不骂别人，别人怎么会骂你呢？所以要注意，你的言语如果是悖逆的、不顺的，你会发现，别人和你说话时也是这样的。

"货悖而入者亦悖而出。""货"就是财的意思。如果你的财是用不顺的方法得到的，最终也会以不顺的方式出去。什么意思呢？就是钱财如果来路不正，最终也保不住。用不正当的方式得到的钱，最后会经历意外的灾难，再把它花出去。

想聚财怎么办？前面已经告诉你了，"先慎乎德"。如果不能从这一点入手，你得到的那点儿财，都是"悖而入"，然后会"悖而出"。东忙活、西奔跑，钱没少挣，最后发现总有些乱七八糟的事，总有些意外破财的地方。钱来得快、走得也快。这是相对具体地讲述了统治者治国平天下的注意事项。

这一段谈的是统治者要搞好经济、搞好国家建设，还是得从自身的修养入手。搞好修养之后，才能吸引来人才，人才才能为你所用；你有人脉，有资源，才能有财；有财之后，才能实现自己的人生理想。这说得多么现实啊！

《康诰》曰："惟命不于常。"道善则得之，不善则失之矣。

"惟命不于常"的意思是天命是无常的。"道"还是说的意思。"善则得之，不善则失之"，是说你做得好，修到位了，就能得到；你做得不好，没有修到位，即使意外地得到了，最终还是会失去。这句话对上文做了一个总结，既可以说是谈经济方面的天道，也可以说是谈钱财方面的天道。

《楚书》曰："楚国无以为宝，惟善以为宝。"舅犯曰："亡人无以为宝，仁亲以为宝。"

朱熹认为，《楚书》就是传世的《国语·楚语》。但我在《国语·楚语》"王孙圉论楚宝"一节里，并没有找到曾子引用的这句话。我怀疑，也许曾子引的这本《楚书》早已经失传了。"楚国无以为宝，惟善以为宝"这句话的意思是，我们楚国没有什么宝贝，只是把行善作为我们的宝贝。

"舅犯"是人名，本来姓胡，名犯，因为是晋文公的舅舅，也被称为舅犯。"亡人"指在外流亡的人，这里指晋文公。晋文公曾在国外流亡十九年，舅犯始终追随他、辅保他，一直到他回晋国当国王，都是他手下重要的大臣。

据《左传》记载，舅犯在流亡期间，一次外交辞令的应对上，他说了这句话："亡人无以为宝，仁亲以为宝。"意思是我们这些离开国家流亡在外的人没有什么财宝，我们的法宝就是"仁亲"。"仁"就是"仁者爱人"，"亲"是指亲情。这句话的言外之意是，我们流亡在外的人没有宝贝，我们最大的宝贝就是爱和亲情。

《秦誓》曰："若有一介臣，断断兮，无他技；其心休休焉，其如有容焉。人之有技，若己有之；人之彦圣，其心好之，不啻若自其口出，寔能容之。以能保我子孙黎民，尚亦有利哉！人之有技，媢嫉以恶之；人之彦圣，而违之，俾不通，寔不能容。以不能保我子孙黎民，亦曰殆哉！"

《秦誓》是《尚书》中的一篇。"介"，耿直的意思；"断断"，形容诚恳的样子；"无他技"，没有别的技能；"休休焉"，就是很宽容的样子；"其如有容焉"，他能够容下其他人；"人之有技，若己有之"，其他人有技能、有特长的话，对他来讲，就像他自己有这个特长那样；"彦"是美好；"圣"是英明；"其心好之"，他的心里边就非常喜欢那个人；"啻"是仅仅的意思，"不啻"就是不仅；"寔能容之"，"寔"是通假字，通"实"，他是真能容下这个有美德的人；"尚亦有利哉"，恐怕这是很有利的一件事情啊！

《秦誓》是说，假如你有这么一个耿直的大臣，虽然他没有特别的技能，但是他胸怀非常宽广，对于有特长的人，他非常欣赏，对于那些优秀的人才，他非常喜欢，他不仅是嘴里对这些人加以赞扬，他心里头真能容下这些人，不会嫉贤妒能。有这样一个耿直的大臣在朝中，能保佑我皇家的子子孙孙，还能够保佑黎民百姓，这是很有利的一件事情。

接着是反过来说。假如有这么个大臣，别人有技能，他嫉妒而且讨厌人家。其他人有英明、美好的品德呢，他去给人家制造麻烦，使别人的事情办不通，就是嫉贤妒能的体现。他真是容不了比他优秀的人才啊。因此他不能保佑我的子孙后代和黎民百姓。可以说是危险的。

曾子以引《楚书》、引舅犯的话，谈什么是宝来过渡，到引《秦誓》，指出人才的重要性。什么才是真正的宝啊？《楚书》和舅犯说的善、仁、亲固然是，但对国家来讲，真正的宝是人才啊，是"介臣"。

统治者想要治国平天下，就不能把钱财当宝，不能把古玩字画当宝。你的三大法宝：第一是善，第二是仁、亲，就是爱和亲情，第三是人才，是"个臣""介臣"。前两个法宝，曾子没有展开说，他展开说的是第三个，说明了人才的重要性。

对于那些嫉贤妒能的人怎么办？曾子接着说。

唯仁人放流之，迸诸四夷，不与同中国。此谓唯仁人为能爱人，能恶人。

"仁人"指仁爱的统治者。"唯仁人放流之"，是说只有仁爱的统治者才能把这些妒贤嫉能的人流放出去，把他们排挤出去。"迸"是通假字，通"摒"，摒弃的意思；"夷"是指边远地区。"迸诸四夷"是说流放到四方边远地区去。"不与同中国"，意思是不和他们一起居住在中国，就是中原地区。换句话说，仁爱的统治者身边留下的都是"介臣"，不让那些嫉贤妒能的人留在身边。

但是呢，只有统治者道德修养上去了，是"仁人"，才能做到这一点。如果你自身道德修养不行，你根本分不出善恶来，你以为留下的是"介臣"，结果留下来的可能都是奸臣。历史上重用奸臣的那些皇帝，没有一个认为他重用的是奸臣，都认为是忠臣才用的。所以，统治者还得从修身入手，没有"格物致知""诚意正心"，根本分不出谁是忠臣、谁是奸臣。

"此谓唯仁人为能爱人，能恶人"，是指只有"仁人"才能够做到爱人，也才能够去讨厌坏人。换句话说，只有修到"仁人"的程度，才能分清楚好人、坏人。

见贤而不能举，举而不能先，命也。见不善而不能退，退而不能远，过也。好人之所恶，恶人之所好，是谓拂人之性，菑必逮夫身。是故君子有大道，必忠信以得之，骄泰以失之。

这还是讲统治者在人才方面需要注意的事项。"命"，郑玄认为应该是"慢"，程颐认为应该是"怠"。"怠"和"慢"是同义词，意思差不多。"见贤而不能举，举而不能先，命也"，意思是你发现了贤人，却不能把他提拔起来，或者是你提拔他，又不能把他放在自己的前面，那你就是怠慢。对事业怠慢，没有认真工作，这谈的不就是人才问题吗？"见不善而不能退，退而不能远，过也"，意思是你发现身边大臣有不好的，却不能把他辞退，或者你即使把他辞退了，又不能远离他，这是错误啊！

总之，这一大段谈的都是管理者、统治者与手下人之间相处的一些注意事项。三大法宝里边，展开谈的、最重视的是人才问题。

然后曾子又提出一个情况。"拂人之性"就是违背人性。喜欢大家都讨厌的，讨厌大家都喜欢的，这叫违背人性。这句话与前面的"民之所好好之，民之所恶恶之"相呼应。作为统治者、领导者，应该"民之所好好之，民之所恶恶之"，这才是"民之父母"，是老百姓的好官；不要"好人之所恶，恶人之所好"，那就是违背人性了。"菑"是"灾"的古体；"逮"是赶上；"夫"是发语词，没有意义；"身"就是你自身。违背人性的人，灾难一定会追上你。

对于那些好恶与百姓正相反的统治者，曾子先是骂他违背人性，接着又告诫他：你这样做的话，灾难一定会追上你。可见曾子对此事的深恶痛绝。

最后是对这一自然段的总结："是故君子有大道，必忠信以得之，骄泰以失之。"因此君子作为统治者，治国平天下是有一个大道的，就是大的准则，这个大的准则你一定得靠着忠信才能把握住，骄恣放肆就要失掉它。

传统说法认为这篇文章是曾子写的，我是相信的，原因就在这里，因为其思想和《论语》上记载的曾子"吾日三省吾身"是一致的。曾子"三省吾身"，反省的是什么？"为人谋而不忠乎，与朋友交而不信乎"，就是"忠""信"二字。《大学》这里也在强调"忠""信"。由此我们能看出，曾子的学说最强调的就是"忠""信"二字。

治国有大的准则，但你一定要靠着忠和信，才能把握住这个治国的大原则，以达到治国平天下的目的。如果你骄傲、傲慢，就会失去这个大原则，就把握不住治国的大原则，国家就治不好了，这叫"骄泰以失之"。

生财有大道。生之者众，食之者寡，为之者疾，用之者舒，则财恒足矣。仁者以财发身，不仁者以身发财。未有上好仁而下不好义者也，未有好义其事不终者也，未有府库财非其财者也。

生财之道是什么？"生之者众"，创造财富的人多；"食之者寡"，花钱的人少；"为之者疾"，挣钱、创造财富的速度快；"用之者舒"，花钱的时候速度慢。本着上述两条，你的钱就能永远够用。这叫"生财有大道"。

这句话若是仔细体会，对做企业的人来说是挺重要的。在企业里，你要注意，创造财富的员工要多，负责花钱的员工要少。如果公司一共有八个部门，两个负责挣钱，六个负责花钱，那公司肯定倒闭。所以，在搭建组织架构的时候，包括搭建团队的时候，就要注意到这一点。负责挣钱的那个团队人数多，负责花钱的部门要少，钱才能够用。而且负责挣钱的部门工作效率要高，节奏要快，负责花钱的部门节奏慢点，钱才能够用。

下面这句话更经典。"仁者以财发身，不仁者以身发财"，就是仁者是用财、用钱来打造自我、完善自我，这叫"以财发身"，即通过财力使自身走到更高的境界。而不仁者是"以身发财"，即把自己搭进去挣钱。这是仁者和不仁者的区别。仔细一想，我们好像多数是不仁者呀！人生的上半场拼命赚钱，透支生命赚钱，用身体换金钱；人生的下半场，再用前半生攒的钱治病、保养，用金钱换身体。人生的一个轮回，就是在为医院赚钱，不可悲吗？这就是曾子批判的不仁的做法，是"以身发财"。

"未有上好仁而下不好义者"，没有上级领导喜欢仁，而他的下属却不好义的。言外之意，当领导的如果有仁爱之心的话，他的部下处理问题就能恰如其分，办事就能办到位。

"未有好义其事不终者也"，没有哪个人喜欢把事情办得妥当，可最后却是没有结果、不了了之的。如果追求处理问题恰如其分，那么不管做什么事情，肯定会有结果。反过来，如果做事情不追求妥当、不追求恰如其分，那么事情很可能办不成，很可能不了了之，到最后也没有一个结果。

"未有府库财非其财者也"，没有哪个政府的钱库里的钱财不是他的钱财的。这句话要根据上面两句去理解，就是作为统治者一定要好仁好义，那么你府库里的钱财才真的是你的钱财。如果作为统治者不能做到仁、义，那你府库里的钱就不一定是谁的了。你就算能攒起来那些钱，最后可能也没有机会去花，就是前面说的"货悖而入者亦悖而出"。统治者不好仁、义，钱来路不正的话，最后它就会莫名其妙地不知道哪儿去了。所以说这财不是你的，或者说不真正是你的。

以上讲的其实还是经济问题。《大学》作为儒家经典，非常特殊之处就在这儿，它最后居然以谈利结尾。全文的最后一大段都是在谈钱、谈利。

> 孟献子曰："畜马乘不察于鸡豚，伐冰之家不畜牛羊，百乘之家不畜聚敛之臣，与其有聚敛之臣，宁有盗臣。"

曾子引了一句他那个时代的名人名言。孟献子是鲁国的一个大贵族。"乘"是一辆四匹马拉的车；"畜"是养；"察"是关注；"豚"是猪。"畜马乘不察于鸡豚"，是说家里能养得起车的贵族人家，不应该关注家里养了几只鸡、几头猪。"伐冰"，就是冬天在河里把冰凿下来，运回家里的冰窖储存起来。"伐冰之家不畜牛羊"，是说能够存冰的人家，是不在乎养牛、养羊的。

这两句话是什么意思呢？就是你达到那个级别、那个富裕程度之后，就不要再关注一些蝇头小利了。你已经是坐车的人家了，还天天算计着拣几个鸡蛋卖多少钱，实在是太小家子气了。家里都能自己藏冰了，还天天算计养几头牛、几只羊，卖了能赚多少钱，这就叫钻钱眼儿里了，这和你的身份、地位是不相符的。

"百乘之家不蓄聚敛之臣。""蓄"是养；"聚敛之臣"是替你敛财的大臣。作为有采邑的人，作为一方诸侯，你家里不应该养那种替你敛财的大臣。

以上三句话说的是同一个意思，即人达到一定层次、一定境界之后，就要有相应的心胸肚量，就不要再计算蝇头小利了。

还有一点，中国古代的政治非常强调的一点：官不与民争利。中国古代很多朝代禁止官员做买卖，原因就在这里。你都是宰相人家了，你还开当铺、开饭店、卖牛羊肉，什么赚钱做什么，还让不让老百姓赚钱啊?! 所以古代禁止官员经商，理由就是不与民争利。

但同时这也是在讲人的层次和素质。到了那么高的级别，就不应该去关注那些蝇头小利了，应该眼睛盯着一些大事，看得远一点，看得宏观一点。

孟献子最后还强调:"与其有聚敛之臣，宁有盗臣。"意思是宁可家里有盗臣，也不要养聚敛之臣。"盗臣"和"聚敛之臣"的区别是什么呢? 聚敛之臣是帮着你敛财的，盗臣就是我们今天说的腐败分子，是想办法贪污你钱的。这句话说得相当极端，作为国君，宁可有盗臣，宁可有腐败分子，也不要有聚敛之臣，也不能弄一批专门帮你敛财的。为什么? 腐败分子贪的是你国君的钱，敛财的敛的是老百姓的钱，就不能体现"仁者爱人"了。腐败当然也不应该有，但是两害相权取其轻。曾子把这话说得相当极端。

最后是曾子的总结。

此谓国不以利为利，以义为利也。长国家而务财用者，必自小人矣。彼为善之，小人之使为国家，菑害并至，虽有善者亦无如之何矣。此谓国不以利为利，以义为利也。

说的是国家不能把利当作利，而要把义当作利。作为最高统治者，什么对你有利? 不是钱，而是道义。"长国家"就是做国家领导;"务"是致力;"财用"就是挣钱。作为国家领导却致力于敛财，一定是有小人引导他这么做的。这是提醒统治者，如果你把眼睛都放在钱上，就琢磨怎么挣钱，那么你身边肯定有小人，一定是他引导你这么干的，你需要反思一下了。

"彼为善之"，朱熹认为这句话与上下文都连不上，可能是原文有缺。但我觉得也可以这样理解："彼"，联系上下文，应该指小人；"彼为善之"，指小人擅长这个，即小人最擅长敛财。

"小人之使为国家"，如果让这些小人来治理国家，国家会灾害并至，天灾人祸就都来了。"虽有善者亦无如之何矣"，即使这个国家有好人，大臣里有好人，他也没有什么办法可想了。

"此谓国不以利为利，以义为利也。"最后归结为一句话：国家不能把挣钱作为利，要把贯彻道义作为利。这是《大学》的最终结语，结篇结在"利"字上。

怎么去对待义？怎么去对待利？这在后代成为一个非常重要的命题，古人称之为"义利之辩"，就是讨论义和利是什么关系，是应该把义放在首位，还是把利放在首位。

儒家优先强调的是义，要让利服从于义，这也是《大学》最后一句的内涵。《大学》是一门自我完善、使人生走向成功的学问。

附录一　《大学》原文

　　大学之道，在明明德，在亲民，在止于至善。知止而后有定，定而后能静，静而后能安，安而后能虑，虑而后能得。物有本末，事有终始。知所先后，则近道矣。古之欲明明德于天下者，先治其国。欲治其国者，先齐其家。欲齐其家者，先修其身。欲修其身者，先正其心。欲正其心者，先诚其意。欲诚其意者，先致其知。致知在格物。物格而后知至，知至而后意诚，意诚而后心正，心正而后身修，身修而后家齐，家齐而后国治，国治而后天下平。自天子以至于庶人，壹是皆以修身为本。其本乱而末治者否矣。其所厚者薄，而其所薄者厚，未之有也。

　　《康诰》曰："克明德。"《大甲》曰："顾諟天之明命。"《帝典》曰："克明峻德。"皆自明也。

　　汤之《盘铭》曰："苟日新，日日新，又日新。"《康诰》曰："作新民。"《诗》曰："周虽旧邦，其命惟新。"是故君子无所不用其极。

　　《诗》云："邦畿千里，维民所止。"《诗》云："缗蛮黄鸟，止于丘隅。"子曰："于止，知其所止，可以人而不如鸟乎？"《诗》云："穆穆文王，於缉熙敬止！"为人君，止于仁；为人臣，止于敬；为人子，止于孝；为人父，止于慈；与国人交，止于信。《诗》云:"瞻彼淇澳,菉竹猗猗。有斐君子,如切如磋,如琢如磨。瑟兮僩兮,赫兮喧兮。有斐君子,终不可谊兮!""如切如磋"者,道学也。"如琢如磨"者,自修也。"瑟兮僩兮"者,恂栗也。"赫兮喧兮"者,威仪也。"有斐君子,终不可谊兮"者,道盛德至善,民之不能忘也。《诗》云:"於戏,前王不忘!"君子贤其贤而亲其亲;小人乐其乐而利其利,此以没世不忘也。

子曰:"听讼,吾犹人也。必也使无讼乎!"无情者不得尽其辞,大畏民志。此谓知本。

此谓知本,此谓知之至也。

所谓诚其意者,毋自欺也。如恶恶臭,如好好色,此之谓自谦。故君子必慎其独也。小人闲居为不善,无所不至,见君子而后厌然,掩其不善而著其善。人之视己,如见其肺肝然,则何益矣。此谓诚于中,形于外。故君子必慎其独也。曾子曰:"十目所视,十手所指,其严乎!"富润屋,德润身,心广体胖。故君子必诚其意。

所谓修身在正其心者,身有所忿懥则不得其正,有所恐惧则不得其正,有所好乐则不得其正,有所忧患则不得其正。心不在焉,视而不见,听而不闻,食而不知其味。此谓修身在正其心。

所谓齐其家在修其身者,人之其所亲爱而辟焉,之其所贱恶而辟焉,之其所畏敬而辟焉,之其所哀矜而辟焉,之其所敖惰而辟焉。故好而知其恶,恶而知其美者,天下鲜矣。故谚有之曰:"人莫知其子之恶,莫知其苗之硕。"此谓身不修不可以齐其家。

所谓治国必先齐其家者,其家不可教而能教人者,无之。故君子不出家而成教于国。孝者,所以事君也;悌者,所以事长也；慈者，所以使众也。《康诰》曰："如保赤子。"心诚求之，虽不中不远矣。未有学养子而后嫁者也。一家仁，一国兴仁；一家让，一国兴让；一人贪戾，一国作乱；其机如此。此谓一言偾事，一人定国。尧、舜帅天下以仁，而民从之。桀、纣帅天下以暴，而民从之。其所令反其所好，而民不从。是故君子有诸己而后求诸人，无诸己而后非诸人。所藏乎身不恕，而能喻诸人者，未之有也。故治国在齐其家。

《诗》云："桃之夭夭，其叶蓁蓁。之子于归，宜其家人。"宜其家人，而后可以教国人。《诗》云："宜兄宜弟。"宜兄宜弟，而后可以教国人。《诗》云："其仪不忒，正是四国。"其为父子兄弟足法，而后民法之也。此谓治国在齐其家。

所谓平天下在治其国者，上老老而民兴孝，上长长而民兴弟，上恤孤而民不倍，是以君子有絜矩之道也。所恶于上，毋以使下；所恶于下，毋以事上；所恶于前，毋以先后；所恶于后，毋以从前；所恶于右，毋以交于左；所恶于左，毋以交于右。此之谓絜矩之道。

《诗》云："乐只君子，民之父母。"民之所好好之，民之所恶恶之，此之谓民之父母。《诗》云："节彼南山，维石岩岩。赫赫师尹，民具尔瞻。"有国者不可以不慎，辟则为天下僇矣。《诗》云："殷之未丧师，克配上帝。仪鉴于殷，峻命不易。"道得众则得国，失众则失国。是故君子先慎乎德。有德此有人，有人此有土，有土此有财，有财此有用。德者，本也；财者，末也。外本内末，争民施夺。是故财聚则民散，财散则民聚。是故言悖而出者，亦悖而入；货悖而入者，亦悖而出。

《康诰》曰："惟命不于常。"道善则得之，不善则失之矣。《楚书》曰："楚国无以为宝，惟善以为宝。"舅犯曰："亡人无以为宝，仁亲以为宝。"《秦誓》曰："若有一个臣，断断兮无他技，其心休休焉，其如有容焉。人之有技，若己有之；人之彦圣，其心好之，不啻若自其口出。实能容之，以能保我子孙黎民，尚亦有利哉！人之有技，媢嫉以恶之；人之彦圣，而违之俾不通；实不能容，以不能保我子孙黎民，亦曰殆哉！"唯仁人放流之，迸诸四夷，不与同中国。此谓唯仁人为能爱人，能恶人。见贤而不能举，举而不能先，命也；见不善而不能退，退而不能远，过也。好人之所恶，恶人之所好，是谓拂人之性，菑必逮夫身。是故君子有大道，必忠信以得之，骄泰以失之。

生财有大道，生之者众，食之者寡；为之者疾，用之者舒，则财恒足矣。仁者以财发身，不仁者以身发财。未有上好仁而下不好义者也，未有好义其事不终者也，未有府库财非其财者也。孟献子曰："畜马乘不察于鸡豚，伐冰之家不畜牛羊，百乘之家不畜聚敛之臣，与其有聚敛之臣，宁有盗臣。"此谓国不以利为利，以义为利也。长国家而务财用者，必自小人矣。彼为善之，小人之使为国家，菑害并至。虽有善者，亦无如之何矣！此谓国不以利为利，以义为利也。

附录二 《大学》新解

《大学》是师门的必修课，我们还是从《大学》说起。

大学之道在明明德，在亲民，在止于至善。

这是古人所谓的《大学》的"三纲"。《大学》这篇文章的核心就在这几个字上，这也是修行的一个终极境界。所以王阳明临终的时候说："此心光明，亦复何言。""光明"就是"明明德"。《大学》是成就人生的学问，实际上我也在反复思考，我的理解也是一个逐渐深入的过程。

我最开始读《大学》时，受朱熹影响，以为"大学"就是"大人之学"，和"小子之学"相对的，是成年人应该学的。后来才发现问题不是那么简单。所谓"大学"，是成为大人物的学问。受《大学》后面的文字的影响："有德此有人，有人此有土，有土此有财，有财此有用。"我觉得，《大学》就是在今世怎样获得事业成功的学问。但是，最近感觉这样理解好像也不大对，如果《大学》讲的就是在今世获得事业成功的话，就不必把"明明德"放在前面了！所以我的理解是，所谓《大学》的"大"字，实际上是"至"的意思。《大学》是一种达到极致的学问。古书里也常用"大"来形容事情达到了极致，因此，《大学》可能讲的是实现人生极致、实现人生究竟的一种学问，是追求人生圆满的一种学问。从这个角度去理解，要想达到人生的圆满，必须"明明德"，所以才说"大学之道在明明德"。

人生的圆满也就是人生的究竟，是把自己修到极致。而作为人，修到极致才能成为一个真正的人、一个圆满的人，这才是《大学》指导给我们的。人生应该没有缺憾，这才叫"大学"。

没有缺憾，从小的方面理解，是活出最好的自己，就是让自己没有任何遗憾，像王阳明临终那样，能说"此心光明"，就是达到了"明明德"。弟子请他留遗言，他说"亦复何言"，又有什么可说的呢？人生实现了圆满，没有任何缺憾，所以也就没有什么可说、可去交代的了。

更高的层面，即人生的圆满是没有残缺的。我们可以打一个比方，如果从身体的角度来讲，没有残疾，任何部位都不缺，这才是一个完整的人。如果身体上面缺了什么或者是丧失了哪种功能，我们称之为残疾人。那么，从心灵的角度去说呢？修心，最后要把心修得圆满，没有残缺才行。"明明德"，不仅仅是指哪一部分明，或者是哪一时刻明，而是一种圆满的明，没有任何瑕疵的明，这才是真正的终极境界。不仅在身体上没有残缺，在心灵上、精神上也没有残缺。

孟子讲"人之异于禽兽者几希"，意思是人和禽兽的区别是很小的。如果你的心灵有了残缺，实际上你和动物的区别就不明显了。因此，人生要想真正成为一个大人、一个真正的人，就要修到心灵没有残缺，这才是真正的人，真正和动物不一样的人。

所谓《大学》，是指导我们修到人生终极境界的学问，不是指今世的事业有成，也不是指圆满。如果放弃了"大学之道"，我们的人生就是残缺的、不圆满的，和动物就没有本质区别了。从这个角度理解，"大人之学"是教我们这一辈子能成为一个真正的人的学问，而要想达到这个目的，就要"明明德"，就要做到"此心光明"，要将"天命之谓性"完全恢复。所以，马一浮先生当年创办的书院才叫"复性"，意思是，将天命给你的东西，无瑕疵、完整地恢复呈现出来，这才是"复性"，这才是"明明德"。也只有这样，我们才是真正的人。

"大学之道"首先是"在明明德"。我反复参悟，觉得只有从这个高度才能理解，从任何其他的角度，好像都不需要"明明德"就能做到。如果将"大人之学"理解为别的，实际上并不需要"明明德"就能达到。比如，仅仅要实现"有德此有人，有人此有土，有土此有财"，好像就不需要"明明德"也能达到。但是，要活成一个真正的人，达到心灵的完满无瑕疵，将天命之性完全恢复，"明明德"就是一个必须的条件了。所以《大学》开篇讲"大学之道，在明明德"，意思是，修行达到极致的方法、达到真正的人生、达到心灵的圆满的方法。

人为什么要修？修到终极境界是什么状态？"明明德"三个字已经回答我们了。为了成为真正的人。就是"此心光明"，就是"明明德"。

"亲民"这两个字作为第二句，谈的是另一个境界，即修行应该发挥的作用和功能，将它理解为修行的原因也可以。因为我们修行，所以要做到"亲民"，"亲民"才能"有人此有土，有土此有财，有财此有用"。同时，也可以将之理解为修行的指向，修"明明德"为了"亲民"。因为当你修成完满的人之后，即当你"明明德"之后，回头再看茫茫众生都在迷茫和困惑之中。如果你真是仁者，真有这份爱心的话，你绝不忍抛他们而去。反过来说，如果你有那样狠心的话，你就没有达到"明明德"，你的心是不圆满的。所以，在修"明明德"之后，本着"仁者爱人"之心，肯定要去追求"亲民"。

从这个角度理解，"亲民"就不仅仅是使民和你亲。将王阳明和朱熹的说法合在一起，也许对我们更有启发。按朱熹所说，我们还要做到"新民"，即使民新。可以说"亲民"分两步：第一步是使民与我亲。这样他才能听你讲，你才有机会点醒他；第二步是使民新。通过你的努力使民众焕然一新，使他们醒悟，使他们认识到真正的人生是什么，使他们理解这种浑浑噩噩的生活是对生命的一种浪费，使他们也能走上修身和圆满之路。这样他们就会焕发出全新的精神面貌。这是"新民"。

在"明明德"之后，你肯定会走向"亲民""新民"。因为"明德"里包含着仁，包含着爱，这也就是张载所说的"民胞物与"，也就是儒家强调的万物一体，体现出一种对人、对人类，乃至对全世界的爱，即我们所说的大爱无疆。"明明德"之后，自然会有这份心，自然会有这种追求，必然会走向"亲民"和"新民"。从另一个角度说，如果没有"亲民"和"新民"之心，你的"明明德"也不会完满。儒家的修行不会强调脱离人群的原因也正在这里。真正抛弃了人，抛弃了人群、人类社会，"明德"是不会完满的。

我们也可以把"亲民"理解为修行的一种方法。只有修"亲民"，体现出爱，唤醒先天大爱，才能真正做到"明明德"，才能达到修行的圆满。这是"大学之道"的第二句、"三纲"的第二纲，可以从两个层面去理解，既是我们修身之后的必然结果，同时也是我们修行的必经之路。

乍一看，前两句已经把这个问题彻底谈透了、谈穷尽了，第三句似乎没有必要了，为什么还要"止于至善"？

我觉得，"止于至善"是指点我们的具体修身方法。可以说，"明明德""亲民"是理论，"止于至善"是方法。前两点解决的是理论问题，是与修身相关的理论问题，即解决为什么修、修的途径、修的作用、修的效果等理论问题。接下来还有一个怎么修的问题，而"止于至善"谈的就是修行的方法。

必须能够停留在"至善"当中，才能修"明明德"，才能达到圆满的"明明德"，这说的是修身的方法。当然，从修身方法的角度讲，"止于至善"是一个终极境界，而不是起点。但它毕竟是一个方法，我们应该追求并停留在"至善"之中。这也就是佛教说的"诸恶莫作，诸善奉行"。达到这个，才是"止于至善"，才有可能"明明德"，才有可能达到"明德"的圆满。

我觉得，古人之所以把这三句话作为《大学》的"三纲"，是因为《大学》这篇文章的纲领性的内容都在这里了。

接下来《大学》又谈了"六证"。前面是笼统地说，是纲领，是总括性的。儒家没有"顿悟"之说，修行是不可一蹴而就的，是有一个次第的，所以《大学》接下来谈的"六证"即是修行的次第。

"知止而后有定"，要从"知止"开始修，"知止"才能"有定"。什么叫"知止"？我的理解也存在着变化。"六证"是接着"三纲"往下说的，"三纲"的最后一纲是"止于至善"，开始我是把"知止"理解为"止于至善"的，一直到给你们讲课的时候我还是这么理解的。所以在给你们讲课的时候，我强调愿景的重要性，把"止于至善"作为一种愿景，把"知止"理解为树立愿景，树立"止于至善"的愿景。但最近我又有了一些新的参悟。

如果"知止"是知道"止于至善"的话，"止于至善"已经是一种究竟了，而"六证"作为修行的次第，"知止"是第一个次第，不能一起步就达到究竟吧？因此，最近觉得"知止"不是"止于至善"，止于那种究竟、那种和"明明德"相匹配的"至善"，而是知道自己应该止于何处，这才是修行的起点，这样才能和后文结合上。

《大学》后面讲"缗蛮黄鸟，止于丘隅"，用比喻来讲"知止"。鸟儿知道它应该停留在山林里，因为那个地方能给它提供给养、给它提供食物，就是我们说的物质生活；因为那个地方能给它提供保护，使它免遭伤害；因为那个地方有着它的同类，就是同道；因为那个地方还是它非常自在、非常享受的地方。然后《大学》引了一句孔子的话："于止，知其所止，可以人而不如鸟乎？"在知道自己应该停留在什么地方这件事上，难道人还不如鸟吗？鸟儿都知道自己应该停留在山林里，那么人是不是更应该知道自己该止于何处呢？孔子这句话既是调侃，也是刺激、激励，激励人去思考。

人应该止于什么状态？这恐怕是因人而异的。但你要知道，人应该停留的状态具有几个特点，这是"缗蛮黄鸟，止于丘隅"那个比喻暗示给我们的。首先，这种状态能带给你物质的享受；其次，它能让你的心灵避免受到伤害；再次，这种状态里有你修行的同道；最后，在这种状态下你的心灵是真正洒脱的、快乐的。根据这四个条件，想明白自己应该停留在什么状态之中，这才是"知止"，也就是知道自己应该止于何处。

根据每个人的人生经历、社会角色的不同，每个人的"知止"也是不一样的。所以在说完这句诗之后，《大学》里面分君、臣、父、子，分别讲"知止"："为人君，止于仁；为人臣，止于敬；为人子，止于孝；为人父，止于慈；与国人交，止于信。"这实际上是在暗示我们，根据人的不同经历和不同的社会角色，每个人都应该去寻找自己该止于何处，止于一种什么状态，这是修行的起点。这个状态没有一定之规，彼此之间也没有可比性，但是它应该符合我上面说的四个特征。你应该结合上述四个特征，结合自身的生存状态，去思考自己应该追求止于什么状态。

　　修行的第一个次第，是先想明白自己应该止于一种什么样的生存状态。把这件事情想明白之后，你的心才能安定，这是"知止而后有定"。注意，这里和后面的行文不一样，后面是"定而后能静，静而后能安，安而后能虑，虑而后能得"，用的都是"能"字，只有第一句"知止而后有定"，是"有定"，不是"能定"。我的理解是，这两个修行的次第实际上是一个，也可以说在修行的起步阶段，你能一举突破两个关口，因为它俩有连带关系，只要你"知止"，你的心就能安定，只要想明白自己应该止于何处，你的心就已经"定"了。《大学》讲的"六证"，即修行的六个次第"止、定、静、安、虑、得"，前两个可以一举实现，做到了"止"，也就做到了"定"。

　　但是，既然"止""定"能够同时实现，为什么《大学》讲"六证"而不是"五证"呢？为什么还要将"止""定"拆开谈呢？我个人认为，因为"定"是会反复的。想明白了自己应该止于何处，你的心就能"定"了，但这件事是需要强化训练的，需要你去修，才能真正实现"定"。最开始想明白了，"知止"了，也"有定"了，但过一阵子，受外物干扰，受情欲念干扰，或者忙于世俗的事物，心还会动。这个事情不是一劳永逸的。所以《大学》才把它分为两个修行的次第。"知止"之后，这个"定"是需要专门去修、去加强的，否则心还会动。这是个需要加强的过程，所以单独把它作为修行的第二个次第。长期的追求止于你的最佳状态，逐渐才能使心安定下来，心动的频率越来越低，最后才能真正地定下来，就是修行的第二个次第。

　　只有心定下来之后，才能够修静心。我前两天讲静心，就是要去妄念、去杂念。一开始修的时候，会发现妄念、杂念去不掉。别说能不能去干净，就是想把它减少都很难，原因就在于心不定。只有心"定"之后，才能修静心。静心的一个基本前提就是去妄念、去杂念，在此基础上，才是楼钥那句诗说的"但使心如水在槃"。这个比喻形容的心灵的状态才是静心。"定"并不能马上带给你"静"，在"定"了之后，才有"静"的可能，但还需要修。心静之后才能心安。

"静""安"这两个次第，我觉得它们之间最大的区别是，你能否享受到修行的快乐。修到静心的时候，你并不能完全体会到修行的快乐。当然，有的人偶尔灵光一现，在静心的状态下，偶尔能感受到一种特殊的发自灵魂的快乐，但这是偶尔的，是可遇不可求的。在这个基础上往前修，达到"安"的状态，实际上"安"就是安乐，你就能够感受到修行的快乐了。修行带给你发自灵魂的快乐，是任何事情都取代不了的快乐。所以《格言联璧》上才讲"为善最乐，读书便佳"，说的是一个安心的状态，这才是修行的第四个次第"安"。

"安而后能虑"的"虑"，我以前理解为正确的思考，现在看来理解得有点低了。"虑"在古代和"思"是同义词，而古人认为"心之官则思"。思是心的功能，"虑"就是"思"，也就是心的功能。所以要修到"虑"这个境界，你就已经唤醒本心了。当你唤醒本心之后，先天的智慧已经浮现出来了，当然就可以正确地思考，而且还会有很多意想不到的东西。那种境界我没有办法用一个更好的词来形容，我觉得，当下我们说的开悟可能更接近这种状态。这是修行的第五个次第"虑"。

在这个次第之后才是"得"。但这个"得"并没有达到圆满，是在修行的世俗谛上达到了究竟，而没有达到修行的圆满。《大学》里面讲的"六证"，我认为都是在世俗谛上谈修行。到"得"为止，没有接着往下谈，为什么呢？因为下面的文章转入世俗谛，谈的都是今世的问题。下面"八目"讲格物、致知、诚意、正心、修身、齐家、治国、平天下，最后的落脚点在"修、齐、治、平"上，这是世俗谛的内容，而不涉及王阳明说的"此心光明，亦复何言"。所以《大学》讲修行的次第，讲到"得"为止，没再继续谈，但我现在越来越感觉到，"得"只是修行低层次的一个终结。打个比方，修到"得"才仅仅意味着大学本科毕业，后面还有硕士、博士。但那些内容在《大学》里面没谈，我之所以说《大学》和《中庸》是姊妹篇，是因为我觉得那些应该是《中庸》里面的内容了，实际上就是《中庸》里边重点谈的"至诚"。总之，在"得"的后面，还有着更高的境界，而且是比前面"六证"的次第要高出许多的境界。也就是说，"修、齐、治、平"在儒家的修身里面只是较低层面的内容，如果仅仅达到了"修、齐、治、平"，"明明德"是有缺憾的，是不圆满的。所以儒家才有另一个说法：内圣外王。

从这个角度来说，我觉得《大学》的"三纲"谈的是完整的，"八目""六证"是不完整的，需要《中庸》加以配合。所谓的"大人之学"，"三纲"谈全了，后面具体的修行方法、落实的次第，却只谈了一个层面，没有谈另一个层面。

《大学》作为师门的必修课，你们在学，我也在学。《大学》是值得我们一直参悟的，是我们修行的指南。就像刚才我说的，我的理解也是一个不断变化的过程。截止到今天晚上，我对《大学》里"三纲""八目""六证"的理解都是这个样子的，以后会不会有新的解读，我也不知道，反正今天想到这儿，就和你们说到这儿。

2017 年 12 月 25 日为深圳弟子讲解《大学》，弟子曹鹏天易根据录音整理。

跋

　　《大学》是我要求所有学生必须学习的儒家经典。2015 年
1 月 2 日至 3 月 14 日，我在长春给学生们讲了一遍《大学》，
在此前后，我还分别在深圳做了两次《大学》的公开课，都是
讲两整天。本书主要是根据在长春给学生们讲《大学》的录音
整理出来的，还将深圳公开课的内容，以及私下与学生们谈及
《大学》的内容都融入其中。

　　2016 年，学生们印刷了一些作为内部读物，2017 年始公
开出版。随着学生们研读《大学》的深入，也给此书的内容提
出了一些问题，使我觉得此书很有修订的必要。2018 年利用寒
假简单地修订一遍，至腊月二十九正式完工。长春的学生陈军
天知协助我校改一遍。

　　从前读书的时候也没有重视过《大学》，理解不深，现在
越读越觉得自己的理解十分肤浅。但书已出版了，只能自我解
嘲曰："未有学养子而后嫁者也。"

杨　军

2023 年 12 月 14 日于闲置斋